SÉ SANADO

"En *Sé sanado*, Bob Schuchts conduce al lector al interior de la vida de una persona transformada, que comparte la historia de cómo recibió la sanación espiritual, psicológica y emocional. Nuestro mundo, que está lleno de quebranto y sufrimiento, necesita la experiencia de la verdad del poder sanador de Cristo. Leer este libro le ayudará a iniciar ese encuentro con Jesús".

Reverendísimo Samuel J. Aquila
Arzobispo de Denver

"Schuchts comprende profundamente el corazón humano, sus tendencias de defensa propia y su necesidad de sanación. Al compartir las luces adquiridas tanto a través de su propia experiencia de herida y sanación como de sus muchos años de consejería profesional y oración con otros, ayuda a los lectores a abrirse a la sanación que ofrece Jesús. Un libro que tiene el potencial de cambiar vidas".

Peter F. Ryan, S.J.
Profesor de teología en el Seminario Mayor del Sagrado Corazón

"*Sé sanado* es una compilación de testimonios y una guía que permite abrazar plenamente el amor derramado por el Espíritu Santo al generar carismas para la Iglesia. Schuchts nos ha dado un regalo sencillo y profundo del ministerio de sanación de Jesús y de nuestra llamada a continuarlo".

Jane Guenther
Directora del Centro de Renovación Católica en San Luis, Misuri

"Este es un gran libro y proporciona una lectura realmente agradable. Si has lidiado con problemas físicos y emocionales, este libro es para ti. *Sé sanado* te proporcionará esperanza y expectativas de sanación. Tiene un enfoque equilibrado a la sanación en Cristo para toda la persona y cómo puedes vivir la vida en plenitud".

Gary Oates
Autor de *Open My Eyes, Lord*

"*Sé sanado* es una invitación a un encuentro con el Señor como tu sanador. Bob Schuchts escribe con humildad y compasión, impartiendo una sabiduría alcanzada a lo largo de una vida de descubrimientos de lo que significa quedar sano en Cristo y de cómo invitar a otros a recibir la presencia sanadora de Dios. *Sé sanado* ofrece sabiduría a través de relatos de la vida real, un camino personal e historias impactantes de la Escritura, todo en un contexto genuinamente católico. Abrirá puertas a mirar a la vida desde la visión de la pasión del Señor de verte liberado de todo lo que te impide ser la persona que fuiste creada para ser".

Neal Lozano
Autor de *Unbound*

"*Sé sanado* te llevará a un encuentro más profundo con la Trinidad y a una nueva apertura y libertad en todas las áreas de tu vida".

Del prólogo del Rev. Mark Toups
Director del Instituto de Formación Sacerdotal y Vocaciones
Diócesis de Houma Thibodaux

"Este libro me tocó el corazón profundamente y abrió nuevas facetas de sanación en mi vida. Tanto si estás simplemente iniciando tu camino espiritual o ya has estado caminando por este sendero por años, *Sé sanado* te animará, iluminará, desafiará y transformará en tu encuentro con Jesucristo. Yo lo recomiendo mucho".

Hna. Miriam James Heidland, S.O.L.T.
Autora de *Loved as I Am*

"Estoy muy emocionado de que *Sé sanado* ahora esté disponible en español. Este libro ha transformado mi vida y ahora utilizo el material en mi ministerio diario como sacerdote. Permite que el Señor te ame y te sane a través de estas páginas del doctor Bob Schuchts".

Reverendísimo Burke Masters
Secretariado de Formación Cristiana, Diócesis de Joliet
Director de Formación de Adultos, Diócesis de Joliet

"*Sé sanado* nos recuerda que Jesús está vivo y que su deseo es que nos encontremos diariamente con el permitiéndole sanar cada área de nuestra vida para poder vivir en la libertad de los auténticos hijo/as de Dios".

André Arango
Autor de *Renovación Carismática Católica*

SÉ SANADO

Una guía para el encuentro con el poderoso amor de Jesús en tu vida

BOB SCHUCHTS

Ave Maria Press AVE Notre Dame, Indiana

Carta de la Madre Teresa a las Misioneras de la Caridad, 25 de marzo de 1993, (pp. 7, 31, 125) © 2011 Missionaries of Charity Sisters, c/o Mother Teresa Center. Usado con permiso.

Los textos de la Escritura de esta obra están tomados de *La Biblia del Pueblo de Dios.* Usados con permiso del propietario de los derechos del autor. Todos los derechos reservados. Ninguna parte se puede reproducir por ningún método sin permiso escrito del propietario de los derechos.

Traducido por Carmen Fernández-Aguinaco.

Nihil Obstat: Reverendo Monseñor Michael Heintz, PhD, *Censor librorum*
Imprimatur: Reverendísimo Kevin C. Rhoades, Obispo de Fort Wayne-South Bend
Fort Wayne, Indiana, 9 de junio de 2021

La editorial Ave Maria Press, fundada en 1865, es un ministerio de la Provincia de los Estados Unidos de la Congregación de Santa Cruz.

www.avemariapress.com

Libro de bolsillo: ISBN-13 978-1-59471-769-7

Libro electrónico: ISBN-13 978-1-59471-770-3

Foto de portada: Thinkstock.com

Diseño de portada y de texto: Brian C. Conley

Impreso y empastado en los Estados Unidos de América.

ÍNDICE

PREFACIO

Conocí a Bob Schuchts en octubre de 2004 en una conferencia para hombres en Houma, Luisiana, tres años después de mi ordenación como sacerdote católico. Para ese tiempo, ya había escuchado miles de confesiones y pasado incontables horas escuchando a otros como director espiritual. Todavía estaba creciendo en mi familiaridad con la vida espiritual, y yo sabía que el deseo de Dios para nuestra libertad era infinitamente más grande que el nuestro propio; sin embargo, con demasiada frecuencia había sentido que faltaba algo.

A medida que se desarrollaba la conferencia, empecé a escuchar a penitentes expresar pecados y la más auténtica naturaleza del mismo como nunca antes. Es decir, los penitentes estaban preparados para recibir la gracia del sacramento desde lo más profundo de su ser. Fui testigo de la transformación ante mis ojos y supe que así era como se suponía que se recibiera el sacramento. Naturalmente, pregunté cómo era esto. ¿Qué estaba ocurriendo? El Señor pronto me condujo a una pequeña sala de conferencias donde Bob estaba atendiendo a un pequeño grupo de hombres[1]. Al terminar su ministerio individual, Bob animaba a los hombres a llevar su corazón a los sacramentos y específicamente, al Sacramento de la Reconciliación. ¡Ajá! Esto es lo que ocurría. Los hombres experimentaban al Señor en medio de sus heridas; por tanto, estaban más preparados para las confesiones que luego escuchaba yo.

Desde 2004 he tenido el privilegio de crecer en mi relación con Bob. Me he beneficiado de su ministerio presencial, a medida que el

Señor traía más sanación y libertad a mi propio corazón. He hecho ministerio con él en conferencias, así como en sanación interior individual. Finalmente, he disfrutado de una amistad personal, celebrando nuestro camino juntos al tiempo que caminamos con el Señor.

Entre las cosas que hemos hecho juntos, estoy muy agradecido al ministerio de Bob para con los seminaristas y sacerdotes de la Diócesis de Houma-Thibodaux, Luisiana, así como otras diócesis de todos los Estados Unidos y Canadá. El Señor anhela la renovación de su iglesia, y tal renovación debe comenzar por la renovación del sacerdocio. Con esa meta en mente, la Diócesis de Houma-Thibodaux, bajo el liderazgo del obispo Sam Jacobs, introdujo en 2005 un año especial de formación espiritual para todos los seminaristas después de que terminaran la filosofía y antes de su estudio de teología. La intención del año espiritual es fortalecer la capacidad del seminarista de "vivir una unión íntima e incesante con la Trinidad" y formar sacerdotes "maduros, viriles, y capaces de cultivar una auténtica paternidad espiritual"[2].

El papa Benedicto XVI dijo: "Los fieles solo esperan una cosa de los sacerdotes: que sean especialistas en la promoción del encuentro entre Dios y los hombres". Para que esto ocurra, "los sacerdotes tienen que ser honestos consigo mismos, abrirse a su director espiritual y confiar en la misericordia divina"[3]. Bob ha jugado un papel esencial en asistir a nuestros seminaristas y sacerdotes a crecer en honestidad consigo mismos y en aprender a confiar en la misericordia divina en lo más profundo de su corazón. De hecho, al recordar con los seminaristas y sacerdotes su formación sacerdotal, siempre se menciona a Bob como una de las personas más influyentes en toda su formación.

Uno a uno, cuando estos jóvenes son ordenados al sacerdocio de Jesucristo, confían más en su paternidad espiritual y en su capacidad de llevar a sus feligreses a un encuentro con Cristo. También entienden en lo más profundo de su corazón lo que quería decir el papa Benedicto XVI cuando dijo que "la sanación es parte esencial. . . del cristianismo"[4]. La sanación, la transformación y una nueva vida en Cristo son de hecho posibles y necesarias para todo el pueblo de Dios.

Desafortunadamente, demasiadas personas dudan del poder y deseo del Señor de producir esa sanación. Como ha indicado Christopher

West, "el pueblo de Dios tiende a aceptar la discordia. . . 'tal cual es' . . . sin referencia al plan original de Dios y su esperanza de restauración en Cristo"[5]. Muchos viven la vida con las llantas perforadas y piensan que eso es todo lo que hay. El dolor que queda sin expresión en nuestros corazones nos atrapa en nuestra propia prisión. Necesitamos que nos liberen.

La buena noticia del Evangelio es que "Todas las cosas fueron hechas por medio de la Palabra. . . En ella estaba la vida y la vida era la luz de los hombres" (Jn 1:3b–5). Dios nos desea. Nos desea enteros: nuestro corazón completo, nuestra vida completa, nuestra historia completa. Donde experimentamos oscuridad, él desea la luz. Donde experimentamos falta de libertad, él desea la libertad. Pido que el Señor siga bendiciendo el ministerio de sanación en la Iglesia, en todas sus muchas y diversas formas y en los que harán una peregrinación a través de este libro. Que su camino los lleve a un encuentro más profundo con la Trinidad y a una nueva apertura y libertad en todas las áreas de su vida.

Rev. Mark Toups

INTRODUCCIÓN

*La mirada de Jesús, el toque de su corazón, nos sana. . .
permitiéndonos ser verdaderamente nosotros mismos y por
tanto completamente de Dios.*

Papa Benedicto XVI
Spes salvi

En lo más profundo de cada uno de nosotros existe un deseo ardiente
de llegar al fin a ser la persona para la que Dios nos creó. Deseando
estar plenamente vivos, anhelamos entregarnos totalmente a Dios
en donación. Y sin embargo, a pesar de estos impulsos, muchos de
nosotros dudamos y nos resistimos, temiendo lo mismo que deseamos.
Mientras que anhelamos quedar sanos y enteros, evitamos el proceso
de purificación y sanación de Dios.

Me pregunto si la mujer samaritana sintió una renuencia parecida antes de encontrarse con Jesús en el pozo de Jacob (ver Jn 4).
¿Recuerdas su historia? Su breve pero intenso encuentro con Jesús
dejó al descubierto los secretos de su corazón y la liberó para amar de
nuevo. Ella llegó al pozo con una sed insaciable. Sus muchos amantes
mundanos habían dejado esas hambres de amor insatisfechas. Uno por
uno, la habían descartado como una bebida vieja que había perdido su
sabor. Sólo nos podemos imaginar lo desesperanzada e indigna que se

sentía antes de su encuentro con Jesús. Piensa en su asombro cuando Jesús se acercó a ella, pidiéndole agua.

Según las costumbres del tiempo, a una mujer samaritana no le estaba permitido hablar con un hombre judío. Es más, algunos expertos sugieren que llegó tarde en el día para evitar encontrarse con la gente de su propio pueblo. Pero Jesús no se sorprendió lo más mínimo con su encuentro. Llegando al pozo, Jesús también estaba sediento, aunque él estaba buscando algo más que agua. Estaba sediento de esta mujer, con un deseo profundo que era muy distinto del modo en que otros hombres la habían deseado. Mientras que ellos buscaban consumirla para su propio placer, Jesús anhelaba satisfacer la sed de ella derramándose por ella. No deseaba usarla, sino plenificarla.

¿Puedes imaginar la escena en la que se saludan y en que la dulce mirada de él se encuentra con la de ella? Yo me la imagino inmediatamente tratando de evitar el cruce de miradas con Jesús. Pero luego, intuyendo algo distinto en la presencia de él, me la imagino levantando la vista, sintiéndose atraída por la mirada penetrante de Jesús. Traspasando su vergüenza y llegando a lo más profundo de su alma con sus palabras, él la ve y habla a su corazón como nadie lo habia hecho antes. Su amor ardiente purifica el corazón de ella, quemando las mentiras basadas en la vergüenza que han manchado su respeto por sí misma. Su pozo anteriormente inalcanzable, el pozo de su alma, ahora desborda con agua viva. Corriendo al pueblo, desea ofrecer la bebida refrescante a todo aquel con quien se encuentra. Está radicalmente transformada por su encuentro con Jesús. Conociendo por primera vez su dignidad, ahora desea entregarse completamente a Dios. Quiere contarles a todos sobre este hombre que "sabía todo" de ella. Nos invita a todos a llegar y a encontrarnos con él nosotros mismos.

Este tipo de transformación radical no es sólo una bella historia de la Biblia. Jesús ofrece el mismo tipo de sanación a cada uno de nosotros hoy. He sido testigo de tipos de transformación parecidos en nuestras conferencias de *Sanación a toda la persona*. La gente que viene y se encuentra con el poderoso amor de Jesús no puede esperar a contárselo a muchos otros. Estas conferencias se desarrollaron originalmente en colaboración con el padre Mark Toups como una semana intensiva de formación humana y entrenamiento para los seminaristas de su diócesis. Con el tiempo, se han expandido incluyendo ahora a participantes de todo Norteamérica: sacerdotes, religiosos, laicos de todas las edades y vocaciones, y párrocos y líderes de todo el Cuerpo de Cristo. Ahora creemos que es hora de compartir estos tesoros de gracia con una audiencia más amplia para invitarte a encontrar el potente amor de Jesús en tu vida.

Te animo a echar una mirada sincera hacia dentro de ti mismo al embarcarte en este camino de sanación. ¿Tienes sed de más? ¿Aspiras a estar más plenamente vivo, pero te encuentras limitado por el temor, la vergüenza y la desilusión? ¿Has tratado de llenar los espacios vacíos de tu corazón con relaciones impropias o actividades que nunca satisfacen del todo? Si es así, este libro es para ti.

De la misma manera, si estás en un ministerio en que deseas ayudar a otros a encontrar una mayor libertad y sanación en sus vidas, creo gua en este libro encontrarás mucho de gran beneficio, pero primero te exhorto a que apliques el material a tu propia vida. Tanto si nos damos cuenta o no, todos estamos heridos y todos tenemos necesidad de curación. Yo mismo estuve activo en este ministerio durante muchos años antes de ver mi propia necesidad real y profunda de sanación. Ahora me doy cuenta de que mi proceso de sanación no acaba nunca y siempre hay que profundizar. Jesús se encuentra con nosotros una y otra vez, como hizo con la mujer samaritana, en el lugar de nuestra sed más profunda.

Jesús llevó sanación a la mujer samaritana con una sencillez majestuosa. La invitó a un encuentro consigo misma; le reveló su quebranto; y le dio la mejor medicina—su amor y su verdad—para curar sus heridas.

Jesús a menudo nos sana de ese mismo modo sencillo. Por eso, he decidido organizar el libro en estas tres partes generales, reflejando las tres etapas del proceso de sanación: primera parte: Encontrarse con Jesús (capítulos 1–4), segunda parte: Enfrentar nuestro quebranto (capítulos 5–7), y parte tercera: Sanar nuestras heridas (capítulos 8–10).

La intención es guiarte a tu propio encuentro sanador con Jesús. Para favorecer este objetivo, he cuidado de basar la enseñanza en la verdad bíblica, coherente con la tradición de sanación de 2.000 años de la Iglesia. Dentro de cada capítulo encontrarás referencias a la Escritura y a diversos autores cristianos implicados en el ministerio de sanación. El título, *Sé sanado*, está basado en la creencia de que la misión fundamental de Jesús es restaurarnos a la integridad (ver Lucas 4:18—19:1; 1 Tes 5:23). El sanar cualquier parte de nosotros necesariamente tiene un impacto en todo nuestro ser (CIC, 363–68). Tanto si nos damos cuenta o no, nuestras enfermedades físicas, aflicciones espirituales, y dolencias psicológicas están profundamente interrelacionadas.

A lo largo del libro, encontrarás historias interesantes, y a veces asombrosas, de sanación personal, experiencias que ilustran esta interconexión. Algunas de estas provienen de mi vida personal y de ,o familia. Otras están sacadas de las vidas de personas con las que he tenido el privilegio de orar a lo largo de los años. Confío en que encontrarás aspectos de tu propia historia en varios de estos relatos.

Para ayudarte a aplicar la enseñanza y las historias a tu propia vida, he incluido varios gráficos y tablas que resumen puntos de enseñanza en algunos de los capítulos. Con el mismo fin, se ofrecen preguntas para la reflexión personal al final de cada capítulo. Para quienes quieren profundizar más en este material, también ofrecemos talleres, Cds y otros recursos a través del Centro de Sanación Juan Pablo II en JPIIhealingcenter.org. Por favor, contáctanos directamente para estos materiales adicionales y para información sobre nuestras conferencias.

Al prepararte a comenzar este camino, te invito a leer con los ojos del corazón, así como con tus ojos físicos. Puedes encontrar beneficioso leer todo el libro una primera vez para conseguir una comprensión general del material. Luego, la segunda vez, te animo a que lo leas despacio y deliberadamente, orando a medida que avanzas. Se ofrecen preguntas para la reflexión personal a través de cada capítulo y en la conclusión. Para quienes quieren entrar más plenamente en este proceso, los animo a formar un pequeño grupo de apoyo con una comunidad de su confianza y revisar estas preguntas juntos. Si desean recursos adicionales, ofrecemos talleres y CDs por medio del Centro de Sanación Juan Pablo II. Puedes contactarnos directamente en jpii-healingcenter.org para estos materiales.

PRIMERA PARTE
ENCONTRARSE CON JESÚS

---

*Me preocupa que algunos de ustedes no se hayan encontra-
do realmente con Jesús—cara a cara—tú y Jesús solos. . .
Él te ama, pero aún más: te desea.*

Santa Madre Teresa de Calcuta
Carta a la familia de las Misioneras de la Caridad

CAPÍTULO UNO

¿QUIERES SANARTE?

La sanación es una dimensión esencial del. . . cristianis-
mo. . . Expresa todo el contenido de nuestra redención.

Papa Benedicto XVI
Jesús de Nazaret

Me impresiona la intuición de Jesús sobre la naturaleza humana. Sé que nos creó, pero, aun así, siempre me sorprende su capacidad de ver el corazón y el fondo de una situación. No importa lo tremendamente atados que estemos, parece conocer la llave exacta que abra las puertas de nuestra prisión. Una y otra vez a través de los evangelios, vemos esta sabiduría manifestada en su interacción con todo aquel con quien se encuentra. Su encuentro con el hombre en la piscina de Betesda es un ejemplo importante (Jn 5:1–9).

¿Te puedes imaginar lo que fue para este hombre paralítico estar al lado de la piscina de "sanación" por treinta y ocho años sin poder entrar? Para hablar en un contexto actual, imagínate a alguien al lado de las aguas sanadoras de Lourdes durante treinta y ocho años. ¿Puedes siquiera imaginarlo? Día tras día, año tras año, este hombre de Betesda esperó sin esperanza a que alguien lo ayudara. Miles de personas pasaron de largo hasta que Jesús llegó y escuchó el lamento de su corazón.

Estoy seguro de que Jesús se acercó a este pobre hombre con compasión, pero debo admitir que me turban un poco sus palabras iniciales: "¿Quieres curarte?" (Jn 5:6). A mí me suena como que Jesús está acusando al hombre de hacerse la víctima. Mi reacción inicial es acudir en defensa de este hombre indefenso. Por supuesto que quiere curarse. Mira el tiempo que ha estado sufriendo. Pero luego, entrando en razón, me doy cuenta de que estoy cuestionando nada menos que a Jesús. Él debe saber algo sobre la parálisis profunda del alma de este hombre que para mí no está tan inmediatamente claro. Después de todos estos años, parece como que el hombre paralítico se ha dado por vencido y ha abandonado toda esperanza de ser curado. ¿Quién podría culparlo? ¿Por qué aferrarse a la esperanza para ser desilusionado una y otra vez?

Cuanto más reflexiono sobre la pregunta de Jesús a este hombre, más me voy sintiendo más incómodo en mí mismo. No está sólo preguntando al paralítico si quiere ser curado. Su pregunta está dirigida a mí y a ti también. Después de todos estos años lidiando con nuestras diversas enfermedades físicas, psicológicas y espirituales ¿será que quizá nos hayamos resignado a nuestra condición fragmentada, creyendo que es "porque así es la vida"? La mayor parte del tiempo, ni siquiera somos conscientes de nuestra resignación. Simplemente aceptamos nuestra condición y la soportamos lo mejor que podemos. ¿Puedes identificarte con esto?

TOMA UN MOMENTO

Toma un momento para examinar tu disposición a que Jesús te sane.

* ¿Reconoces tu necesidad de curación?

* ¿Quieres ser sanado?

* ¿Has abandonado la esperanza de poder ser curado?

* ¿Crees que Jesús desea sanarte?

* ¿Qué actitudes de duda y falta de fe obstaculizan el que recibas el poderoso amor sanador de Jesús?

Quizá te preguntes qué quiero decir cuando uso el término *sanación* a lo largo de este libro. En pocas palabras, la sanación es el proceso de hacerte íntegro: cuerpo, alma y espíritu. Incluye la restauración de nuestra comunión con Dios, nuestra propia integración y reconciliación con las personas de nuestro alrededor. Esto es consistente con la mayoría de las definiciones de los diccionarios, incluyendo la siguiente:

1. Curar una herida. Restaurar la salud.
2. Causar la superación de una condición indeseable. . . restablecer una división entre amigos.
3. Restaurar la pureza o integridad original.

Las definiciones reflejan el modo en que se utiliza la palabra *sanación* a través de las Escrituras: salvar, curar, restablecer, reparar una ruptura, restaurar la comunión, dar un remedio terapéutico etcétera. . . . La necesidad más evidente del paralítico de Betesda era la curación física, pero Jesús vio que necesitaba una sanación mucho más profunda. Antes de perder la esperanza, tenía un deseo natural de ser curado otorgado por Dios y de que todas sus relaciones fueran restauradas. Aunque paralizado por la desesperanza, todavía podía reconocer estos deseos enterrados.

No importa lo que hayamos reprimido nuestros deseos, tú y yo también tenemos un profundo anhelo de ser sanados. ¿Por qué si no vamos a doctores, dentistas, terapeutas, sacerdotes y ministros? ¿Por qué tantas personas pasan una parte considerable de su tiempo, dinero y energía en búsqueda de salud e integridad? Según el Banco Mundial, la sanidad consume entre 10 y 20 por ciento de nuestros recursos[1].

Buscamos la salud y la integridad porque Dios ha puesto el deseo de sanación en el tejido de todo ser humano. Como asegura el papa Benedicto, la sanación es esencial a nuestra fe cristiana. Como cristianos, creemos que Jesús vino a la tierra con este propósito: restaurar nuestra integridad y regresarnos a la plena comunión con el Padre y unos con otros.

Esta fe, revelada en la Sagrada Escritura, ha sido fielmente proclamada por la Iglesia durante 2.000 años: "'¡Sanen a los enfermos!' La Iglesia ha recibido esta tarea del Señor e intenta realizarla. . . Cree en la presencia vivificante de Cristo, médico de las almas y de los cuerpos" (CIC, 1509). Detente un minuto y deja que esas palabras que han perdurado a través del tiempo te penetren. Jesús, la Encarnación de Dios, nuestro Sanador, es el médico definitivo de nuestras almas y cuerpos (Ex 15:25–26). No sólo perdona nuestros pecados, sino que también nos cura de todas nuestras enfermedades, según el salmista (Sal 103:3).

Los milagros de curación de Jesús, del pasado y del presente, son expresiones de la tierna compasión del Padre y su preocupación íntima por nosotros en nuestro quebranto y sufrimiento. Indican a la sanación definitiva que nos alcanzó en el Calvario. La afirmación del papa Benedicto lo resume todo: "La sanación. . . expresa *todo el contenido* de nuestra redención"[2]. Durante los últimos dos mil años de historia de la Iglesia, todo nuestro culto, toda nuestra teología, todas nuestras oraciones se dirigen a nuestra restauración, al ser llevados cada vez más a una comunión más profunda con la Santísima Trinidad.

La sanación es un proceso, tendrá su completa realización en el cielo. Pero el proceso debe comenzar ahora, en cada una de nuestras vidas, cuando nos enfrentamos a diversas dolencias físicas, dificultades psicológicas, y aflicciones espirituales. Así que la pregunta que le hizo Jesús al hombre de Betesda se nos hace a cada uno de nosotros: *"¿Quieres curarte?"*. De alguna manera, todos nos parecemos al hombre paralítico postrado cerca de las aguas de sanación. Por muy cerca que esté Jesús, no lo podemos alcanzar por nosotros mismos; necesitamos su ayuda. Al mismo tiempo, Jesús no nos sanará sin nuestro consentimiento y cooperación. Muchos de nosotros ni siquiera nos damos cuenta de que necesitamos sanación, o de cuán profundamente la necesitamos. Erróneamente pensamos que estamos bien como estamos. Yo era esa persona cuando tenía veinte y treinta años. Como los líderes religiosos del tiempo de Jesús, pensaba que estaba bien y que no tenía necesidad del Médico Divino (Mc 2:17). Mi orgullo me cegaba, pero Jesús me abrió los ojos a mi tremenda necesidad de sanación.

Al escuchar mi historia, pido que seas capaz de identificarte de algún modo. He encontrado que bajo todas las circunstancias individuales de vida, compartimos una quiebra común. Espero que mi experiencia te anime a mirar a tu propia historia y reconocer tu propio quebranto. Al hacerlo, pido que encuentres el poderoso amor de Jesús en tu vida como nunca antes lo hayas hecho.

Sólo estoy medio en broma cuando le digo a la gente que comencé mi carrera como terapista familiar a la edad madura de los catorce años. De hecho, no logré mi título hasta la edad de veintiséis, pero para cuando estaba finalizando mi formación graduada, ya había tenido muchos años de experiencia informal "jugando a terapista" en mi familia de origen. Las circunstancias de la vida me arrojaron a este papel muy bruscamente cuando mi padre, un hombre que de uno u otro modo era bueno y cariñoso, hizo algunas opciones que le cambiaron la vida, y que me dejaron a mí, a mi madre y a mis seis hermanos abandonados y obligados a defendernos por nosotros mismos.

La marcha de papá rompió mi corazón y dejó desolada a toda nuestra familia. Nuestro mundo, que había sido seguro, se hizo añicos. Aunque todos nosotros sufrimos muchísimo, el daño fue más evidente en mi hermano mayor Dave, que a los dieciséis años encontró consuelo en la heroína. En 1969 asistió a la infame concentración de Woodstock, se dejó crecer el pelo, se rebeló contra la autoridad y encontró su identidad en la emergente subcultura hippy. Poco después de la partida de papá, Dave también dejó el hogar. Con su marcha, yo perdí a mis dos amigos más cercanos y a mis modelos varoniles. Al verlos caer a ellos, me sentí como uno de esos animalillos en peligro de ser los siguientes en caer al precipicio. Necesitaba hacer algo para protegerme a mí mismo, a mi madre, y a mis hermanos y hermanas más pequeños. Como el segundo hijo, asumí la carga emocional de nuestra grande y desolada familia. Reprimí mi propio dolor y me hice demasiado preocupado por el bienestar de todos los demás.

El perder a papá y a Dave fue solo el principio de un octavo grado muy difícil. En los siguientes doce meses perdí todo y a todos los que amaba, con la excepción de mi madre y mis demás hermanos. La marcha de papá pareció derribar un muro de protección de alrededor de nuestra familia y nos hicimos presas del enemigo de nuestras almas. Las cosas se pusieron bastante peor muy rápidamente.

A las pocas semanas de la marcha de papá, mi entrenador de baloncesto por cuatro años, que además era mi maestro de ciencias y maestro principal, nos invitó a cuatro compañeros del equipo y a mí a un viaje de camping. Cuando estábamos allí, entró en mi cama en medio de la noche y trató de abusar de mí. Estoy agradecido de que me desperté y él se marchó, pero las heridas de la traición permanecieron. Ese mismo fin de semana, mi primera novia y varios de mis mejores amigos en mi ciudad se implicaron en intimidades sexuales mientras yo no estaba.

Habiendo ya sido traicionado por mi padre y mi entrenador, me sentía profundamente herido. ¿De quién me podía fiar? Iban a venir más cosas. Cinco meses más tarde, me enamoré de otra chica preciosa y le confié mi corazón. Como bromeó Yogi Berra: "Y fue dejá vu otra vez". Me fui a un campamento de baloncesto durante tres semanas y cuando regresé me encontré con que ella también me había sido infiel. Aprendí a no entregar mi corazón a nadie y llegué a la conclusión de que ir a un campamento era peligroso.

Durante todo este tiempo, no tuvimos noticias de papá por más de un año. Recuerdo estar despierto en la cama de noche preguntándome si estaría vivo o muerto. Mi hermano Dave por fin lo encontró en otra ciudad, donde había iniciado una segunda familia. Esto fue el golpe final. Parecía que todos los cimientos de confianza se habían arrancado de debajo de mis pies—y no sólo los míos, sino también los de toda mi familia. Al hacerse pública la humillación, mamá decidió que necesitaba empezar de nuevo, y eso la motivó a trasladarnos de nuestro hogar de siempre en Bethel Park, un suburbio de Pittsburgh.

En medio de mi noveno grado, nos trasladamos como familia al sur de la Florida dejando a todos y todo lo que queríamos en Pennsylvania. Yo no quería trasladarme, pero no tenía opción. Me encantaba Bethel Park, donde había vivido toda mi vida y aborrecía todo lo de mi nuevo ambiente en el sur de la Florida. Me doy cuenta de que otros tienen cosas mucho más traumáticas que manejar en su vida, pero para mi corta vida, que hasta ese momento había sido segura y feliz, todo se había vuelto del revés. La vida era caótica y sin darme cuenta, mi confianza en Dios quedó severamente herida.

A pesar de todo el tumulto, fuimos capaces de sobrevivir como familia, viviendo de la Providencia del Padre con un poco de ayuda de las estampillas de alimentos. Cada uno de nosotros encontró su propio modo de lidiar con la situación. Después de un año de lucha, y sintiéndome completamente perdido en el nuevo ambiente, empecé de nuevo a sobresalir en la escuela y los deportes. Mi papel como "terapista familiar" para mi mamá y hermanos también me dio un sentido de propósito y significado. A pesar de algunas lesiones de deportes y de cirugías, yo *pensaba* que estaba saludable.

En aquel momento, no tenía ni idea de que mis dolencias físicas pudieran ser síntomas de problemas de raíz espiritual y psicológica, a los que no me había enfrentado. Fui capaz de superar todos los años de escuela secundaria, universidad, y escuela graduada, e iniciar una profesión sin lidiar con mi dolor interno y mi quebranto. En lo que a mí concernía, el pasado estaba en el espejo retrovisor y yo nunca necesitaría visitarlo de nuevo. ¿Alguna vez te has sentido así? ¿Que tu pasado queda atrás y que no necesitas mirar atrás? A veces incluso citamos mal la Biblia para justificar nuestra resistencia a enfrentarnos a nuestro dolor: "Olvidándome del camino recorrido, me lanzo hacia adelante y corro en dirección a la meta" (Fil 3:13b–14a).

Yo estaba tenazmente motivado por mis metas, logrando lo suficiente como para ser aceptado en la Universidad de Columbia, donde jugué football durante cuatro años. De ahí en adelante, me enfoqué totalmente en crear una familia y establecer mi carrera. Antes de terminar la universidad, me casé con mi novia y mejor amiga de la secundaria, Margie O'Donnell. Un año después de la boda, recibimos el regalo precioso de nuestra hija Carrie, y dos años más tarde, cuando yo todavía estaba en la escuela graduada, dimos la bienvenida a nuestra bella segunda hija, Kristen.

Después de terminar mi doctorado, establecí una práctica privada como terapista matrimonial y familiar, donde seguí ayudando a otros con sus problemas familiares. También enseñé cursos de matrimonio y familia a medio tiempo en la Florida State University, compartiendo toda la sabiduría que había aprendido para ayudar a otros a encontrar la verdadera felicidad. ¿Escuchas la ironía y el orgullo?

> *Conozco tus obras: no eres frío ni caliente. ¡Ojalá fueras frío o caliente! Por eso, porque eres tibio, te vomitaré de mi boca... Yo corrijo y reprendo a los que amo.*
>
> *Ap 3:15b–16, 19a*

En el hogar, Margie y yo estábamos disfrutando de nuestras preciosas hijas y, aunque como pareja estábamos luchando, nos defendíamos. A los pocos años de la graduación, compramos nuestra primera casa en un lindo vecindario con una buena escuela elemental. Cuando llegó el momento de que Carrie y Kristen entraran a la escuela, Margie regresó a la escuela de enfermería para perseguir su sueño de ser enfermera de obstetricia.

A pesar de estos logros externos, yo me sentía inquieto por dentro. Habiendo estado motivado por los deportes y los estudios durante tanto tiempo, no sabía cómo manejar el vacío que llegó después de la graduación. Aunque muy respetado profesionalmente y teniendo una vida plena aparte del trabajo, no podía deshacerme de ese sentimiento de inquietud. No tenía idea de qué me faltaba, hasta que un día mi nuevo vecino me invitó a un desayuno de oración y estudio bíblico.

Cuando llegué al restaurante Shoney la semana siguiente, el Espíritu Santo no perdió tiempo en llamarme la atención. En nuestra primera reunión, uno de los hombres leyó un pasaje del Apocalipsis. Mientras leía, yo sentí que Jesús me estaba hablando directamente: "¡Ojalá que fueras frío o caliente! Por eso, porque eres tibio, te vomitaré de mi boca. . . Yo corrijo y reprendo a los que amo" (Ap 3:15b–16, 19a). Las palabras de Jesús me sacudieron por dentro y sentí una convicción del Espíritu Santo que nunca antes hubiera sentido.

Sin darme cuenta, había dejado de lado mi vida espiritual. Sin decidirme por un lado u otro, no había entregado mi corazón a Jesús, ni a nadie más. Tenía miedo de muchas cosas, pero principalmente tenía miedo de perder el control y sentirme herido de nuevo si confiaba mi corazón a alguien. Inconscientemente, todavía me estaba protegiendo de lo que me había pasado hacía quince años. Un terror escondido, enmascarado como aislamiento emocional, me impedía entregar mi corazón totalmente a Margie. Temía que me rechazara, me dejara, o encontrara a otro. Lo que es peor, mi experiencia en la universidad, donde había dado pasos en fe, me llevaba a creer que a ella no le gustaría si yo entregara mi corazón por completo a Jesús. Hasta ese momento, había podido vivir en la tibieza. Pero, con el regaño de Jesús, sentí que tenía que escoger entre Margie y él. Escogiera lo que escogiera, temía que el otro lado me rechazara.

Al mirar hacia atrás, puedo ver lo bueno del reproche de Jesús, ya que sirvió de catalizador para que yo mirase hacia mi corazón herido. En aquel momento, sin embargo, nada de ello parecía bueno. Sólo sentía pánico. Esta confrontación con la verdad me provocó literalmente un ataque de pánico, que, simultáneamente, me llevó a terapia por primera vez en mi vida. Pasé de ser alguien que vanidosamente ayudaba a otros, a darme cuenta de lo desesperadamente que necesitaba ayuda para mí mismo.

La terapia fue beneficiosa para animarme a enfrentar mi dolor escondido. Aprendí a expresar mis emociones y a descubrir las heridas ocultas que había mantenido enterradas. Empecé a sentir el alivio de tener a alguien a quien yo le interesaba lo suficiente como para escuchar mis necesidades. Pero después de los primeros meses, la terapia empezó a ser amenazadora, ya que revolvió asuntos entre Margie y yo. Sin darme cuenta, yo estaba proyectando todo mi dolor y heridas emocionales aun abiertas en ella. Estaba ciego a las necesidades de ella, y enojado porque ella no estaba respondiendo a las mías del modo en que yo pensaba debía hacerlo.

Cuando nuestro terapista nos recomendó que nos separásemos, decidí que ya estaba bien de terapia. El pensamiento de herir a Margie y a nuestras hijas del modo en que yo había sido herido quedaba fuera de toda consideración. Mi compacta autosuficiencia se estaba desarmando y no sabía qué hacer o a dónde acudir. Aunque yo no lo podía ver en ese momento, el Espíritu Santo se estaba moviendo activamente en mi vida, acercándome a Jesús. Después de la experiencia del desayuno de oración, supe que tenía que entregar mi alianza a Jesús, incluso si a Margie no le gustaba. Estaba aprendiendo diariamente de estudiar las Escrituras y orar ardientemente por primera vez en mi vida adulta. Estaba yendo a la iglesia y comenzando a descubrir una comunidad cristiana. El asistir al "Encuentro Matrimonial" y la "Vida en el Espíritu" me trajo alguna esperanza, pero no era capaz de bajar la guardia lo suficiente como para permitir el libre acceso del Espíritu Santo a mi corazón.

Se dio un giro importante cuando nuestra parroquia decidió comenzar el programa de renovación llamado Cristo Renueva a su Parroquia, un proceso de renovación personal y comunitaria que surgió del Movimiento de Cursillos de la Iglesia Católica. La Madre Teresa le dijo una vez al papa Juan Pablo II que el CRSP era uno de diversos procesos que transformarían la Iglesia. Para mí resultaría ser un cambio de vida, así como para nuestra comunidad parroquial y también para casi todos los miembros de mi familia también. Me apunté al primer fin de semana con una ilusión extraña en mí. Ahora entiendo por qué. Mi vida nunca ha sido la misma desde entonces.

El primer fin de semana fue un bonito cambio de ritmo, ya que aprendí a recibir en lugar de ser el responsable de responder a las necesidades de los demás. Descubrí que otros hombres compartían mi intensa hambre de Dios. Me sorprendí y me sentí animado por el compartir sincero de hombres de todas las edades. Nunca había experimentado este tipo de sinceridad y vulnerabilidad con personas de la Iglesia antes. Después de un fin de semana divertido, pero de otra manera poco espectacular, entramos juntos en un tiempo de formación, aprendiendo a convertirnos en discípulos de Jesús. Practicamos el arte del discernimiento espiritual, escuchando al Espíritu Santo y unos a otros. La intimidad de una comunidad cristiana auténtica se convirtió en un gran bálsamo después de años de cristianismo como francotirador.

Hasta la fecha, algunos de mis amigos más íntimos provienen de ese grupo de hombres. Para el final del periodo de formación, nos habíamos convertido en un equipo unificado, dispuestos a ofrecer el fin de semana a otro grupo de hombres. Habíamos vivido la increíble alegría de servir en comunión, descubrir nuestros dones singulares, y ver cómo Jesús los entretejía para responder personalmente a las necesidades de los nuevos participantes. Como director laico, yo era el líder principal del equipo, sirviendo bajo la autoridad de nuestro párroco. Después de años de ministerio en solitario como maestro y terapista, este ministerio corporativo era profundamente satisfactorio. La pesada carga de sentirme responsable por las necesidades de las personas, que se había convertido en segunda naturaleza después de la partida de papá, se levantó milagrosamente. Jesús estaba levantando lo más pesado, y todos nosotros nos sentíamos privilegiados de ser sus colaboradores, llevando en nuestros hombros su suave yugo (ver Mt 11:20).

Yo podía sentir mi corazón revivir en este ambiente de compañerismo espiritual y sincero compartir. Nunca había sido más feliz en mi vida. Pero entonces hubo un acontecimiento perturbador el domingo por la mañana que casi me arruinó la experiencia. El día comenzó maravillosamente, al reunirnos en la capilla para orar y dar culto antes del desayuno. El Espíritu Santo llenaba la habitación cuando un coro de voces de hombres cantaba: "Dios es tan bueno. . . Dios es tan bueno. . . Dios es tan bueno para mí".

Al empezar a cantar con los demás hombres, me perturbó el escuchar una voz blasfema surgir de algún lugar de mi interior: *¿Qué demonios es tan bueno en Dios?* A este pensamiento siguió rápidamente una serie de preguntas rápidas que usé para interrogar a mi corazón: *¿De dónde salió esa blasfemia? ¿De verdad creo que Dios no es tan bueno? ¿Soy el líder y estoy cuestionando la bondad de Dios? ¿Qué me está pasando? Quizá debería renunciar ahora mismo.* Mientras estos pensamientos me sucedían precipitadamente en mi mente, me quedé ahí indefenso. Sin respuesta, aparté las preguntas de mi mente y seguí sirviendo a los hombres en el fin de semana. Sentía demasiada vergüenza como para contárselo a nadie.

Ahora comprendo que esto fue un asalto espiritual del "acusador" (Ap 12:10), que intentaba robarme la alegría y las gracias de la experiencia de CRSP y bloquearme para todo lo que habría de venir. ¿Pero, por qué lo experimenté desde dentro de mí? ¿Por qué habría de cuestionar la bondad de Dios? Yo sé que Dios es bueno: ¿Por qué lo dudé? En ese momento, nunca exploré la posibilidad de que mis pensamientos blasfemos sobre Dios estuvieran revelando lugares sin curar escondidos en mi corazón durante muchos años. Esas luces vendrían más tarde al continuar el proceso de renovación.

El protocolo normal de CRSP es entregar las riendas al siguiente equipo después de dar el seminario del fin de semana. Pero, como en nuevo equipo tenía pocas manos, nos invitaron a servir otro turno con ellos. Esto resultó ser un don increíble del Padre. Ninguno de nosotros estábamos preparados para dejar este proceso de transformación de la vida, y todos nosotros suspirábamos por ofrecer este don a más hombres.

Después de otro proceso de seis meses de formar comunidad y de preparativos, llegó el momento de ofrecer el siguiente seminario de fin de semana con nuestro nuevo equipo. A medida que se acercaba el fin de semana, algo muy raro me estaba sucediendo dentro. En contraste con los seminarios de fin de semana anteriores, a donde estaba deseando ir, esta vez quería quedarme en casa. Sabiendo que tenía una obligación para con el equipo, fui de todas maneras; pero incluso cuando llegué a la reunión del equipo el viernes por la noche, seguí estando vacío y sin vida. Esa tarde, me llevé a un lado a uno de los hombres del equipo al que conocía del grupo de oración de nuestra parroquia. Al hablar con él, descubrí que tenía que hacer algo de limpieza general espiritual, como resultado de haber leído algunos libros de ocultismo unos años atrás.

John me ayudó a ver que esos libros habían sido puertas abiertas a una opresión espiritual. Reconocí mi pecado, pero no fui a confesar formalmente hasta la noche siguiente. Después de nuestra conversación, me fui directamente a la cama. No tengo palabras ni para empezar a describir el vacío y el infierno que sentí mientras trataba de conciliar el sueño. Ciertamente algo dentro de mí andaba mal. Habiendo desenmascarado un mal oculto, dormí muy mal esa noche y me desperté a la mañana siguiente con el mismo vacío.

Antes del desayuno, saludé a los hombres lo mejor que pude, aliviado solamente de ver a mi hermano Bart llegar como uno de los participantes del fin de semana. Esto era un paso enorme para él. Recientemente despedido del equipo de fútbol profesional de los Buccaneers de Tampa Bay, estaba buscando sentido a su vida. Yo quería que este fuera un fin de semana transformador para él, pero en mi actual estado interior, era difícil que me sintiera ilusionado. Pasé todo ese sábado en la misma desolación espiritual. Todas las personas de mi alrededor estaban llenas del Espíritu Santo mientras que yo me quedé ahí sentado, vacío y sin vida, durante catorce largas y durísimas horas. Hacia las 9:00 de la tarde, estaba agotado y tentado a dejar las confesiones y no asistir a la Misa final. Pero John me pidió que hiciera la primera lectura del Nuevo Testamento durante la Misa. Eso significaba que tendría que quedarme a pesar de mi angustia. Decidí que, ya que estaba, podría ir a confesarme mientras esperaba. Fue una buena opción y, aunque en ese momento no me di cuenta, fua un giro significativo.

Cuando empezó la Misa me sentía algo menos oprimido. Cuando me levanté para leer el pasaje, sentí como si se hubiera encendido una luz. Sentí la presencia del Espíritu Santo, despertando mi espíritu por primera vez en dos días. Más tarde durante la Comunión, sentí la presencia real de Jesús en la Eucaristía como nunca antes. Con mi alegría restaurada, estaba totalmente desvelado y no quería ir a dormir. Me alegro de no haberlo hecho, porque unas cuantas horas más tarde, Dios cambió mi vida para siempre. Es muy difícil expresar con palabras una experiencia así, pero trataré de comunicarla lo mejor que pueda. Quienes hayan tenido experiencias similares lo entenderán. Los que no, espero que esto aumente su hambre y sed de un encuentro personal propio.

A las tres de la mañana de ese domingo (mucho después de mi hora normal de acostarme), seis hombres de nuestro equipo se sintieron movidos a orar de rodillas juntos para ofrecer alabanza y culto a Dios. Como los discípulos en Pentecostés, nos dedicamos "a la oración íntimamente unidos" (Hechos 1:14a) y pronto nos sentimos "llenos del Espíritu Santo" (Hechos 2:4a). Al venir el Espíritu sobre cada uno de nosotros (sin lenguas de fuego visibles), empezamos a alabar a Dios con un fervor que ninguno de nosotros había experimentado anteriormente. Dos de mis amigos estaban alabando a Jesús en inglés con todas las fibras de su ser. Sus voces sonaban como si estuvieran en el cielo, alabando con los santos ángeles y todos los santos. Unos segundos más tarde, el joven a mi derecha empezó a orar en una lengua extraña inspirado por el Espíritu Santo. Aunque yo no entendía las palabras, era la oración más maravillosa que jamás había escuchado, comparable sólo a la de los hombres frente a mí que oraban en una lengua que yo podía entender.

Estaba disfrutando lo que estaba pasando con mis amigos cuando sentí una corriente de energía dentro de mí "como torrentes de agua viva" surgiendo de lo más profundo de mí (ver Jn 7:38). Sentí que iba a explotar de alegría, al derramarse el amor de Dios en mi corazón por medio del Espíritu Santo (Rom 5:5). Este amor se sentía como de otro mundo, distinto a cualquier otro amor que jamás haya experimentado en mi vida. Empecé a reír y llorar casi al mismo tiempo y me acordé del pasaje de la Escritura en que Jesús dice que un vino nuevo haría estallar el odre viejo (Mc 2:22). Mi restringida alma sintió que ese odre viejo estaba a punto de estallar con la explosión del amor de Dios. En aquel momento, recibí el don de un lenguaje de alabanza—en lengua de bebé. Dios me estaba enseñando a convertirme en un niño pequeño para recibir su reino (Mt 18:1–4). No podía creer lo que me estaba pasando. Me identifiqué con los miembros de la casa de Cornelio cuando Pedro les predicó después de Pentecostés: "El Espíritu Santo descendió sobre todos. . . porque los oían hablar diversas lenguas y proclamar la grandeza de Dios" (Hechos 10:44, 46). Yo había estado pidiendo los dones del Espíritu durante años y había perdido la esperanza tres años antes cuando parecía que no pasaba nada en un seminario de Vida en el Espíritu. Pero ahora, cuando menos lo esperaba, fui sorprendido con esas manifestaciones asombrosas del Espíritu Santo.

¡Qué giro tan dramático! Después de mi angustia de las anteriores veinticuatro horas, ahora me iba a la cama con el éxtasis del cielo en mi corazón. Éste era el tipo de experiencia culmen que había visto en otras personas, pero que nunca pensé que me pudiera pasar en mi vida. Dios me asombró con su bondad y misericordia. No me imaginaba que apenas estaba empezando a derramar sus dones sobre mí y los otros hombres. Con sólo tres horas de sueño, me desperté a la mañana siguiente refrescado y con la alegría de un niño en Navidad. Lloré de alegría casi todo el día, lo cual no era poco, considerando que no había llorado en los veinte años desde el divorcio de mis padres. Jesús me estaba sanando de modos que no podía ni imaginarme.

Todo ese domingo fue increíble; tres acontecimientos destacan particularmente en mi recuerdo. El primero ocurrió el domingo por la mañana mientras cantábamos juntos en la capilla. ¿Pueden adivinar qué cantábamos? Sí, el mismo canto de seis meses antes cuando yo tuve los pensamientos blasfemos sobre Dios. Al cantar "Dios es tan bueno. . . es tan bueno conmigo", creí cada palabra en lo más profundo de mi corazón.

Unos minutos más tarde, todavía en la capilla, recibí otro derramamiento del Espíritu Santo cuando mi hermano Bart oró en voz alta y mi párroco el padre Mike y mi buen amigo Wyatt oraron en silencio sobre mí. Mi Padre bueno y misericordioso no podía haber organizado mejor las cosas. Cuando salí de la capilla y fui al hall principal, proclamé audaz y alegremente a quien me escuchara: "Iré a cualquier lugar del mundo y le diré a todos lo bueno que es Dios".

Al fin, entendí por qué me habían venido esos pensamientos blasfemos seis meses antes. Venían de una creencia firmemente arraigada de que nunca podría agradar a Dios, no importa cuánto lo intentase. Mi teología sabía que Él era bueno, pero mi corazón herido creía las mentiras sobre Él. Esas mentiras eran difíciles de articular, pero sonaban algo así: *Dios es un amo cruel que siempre pide más. Nunca está de mi lado.* Estas heridas se habían originado años antes por mi relación rota con mi padre. Yo amaba a mi padre, y sabía que él me amaba, pero después de que se marchó, yo lo juzgaba silenciosamente en mi corazón como un padre bueno que se había vuelto malo y que no era de fiar. Nunca dije tales palabras en voz alta. Se quedaron escondidas en mi corazón. Desde esa herida, yo lo proyectaba todo inconscientemente en Dios Padre. Sin confiar en Él, había estado tratando de ganarme su amor. Estaba esforzándome por agradarle, pero sentía que nunca era suficiente, porque no podía sentir su amor. Hasta este derramamiento de amor, no creía verdaderamente que Él me amara. Finalmente conocí su amor. Con las barreras de mi corazón derribadas, ahora podía recibir lo que Él siempre había deseado darme. Y había más.

El Padre siguió concediendo sus dones ese fin de semana, no sólo para mí, sino para mi hermano Bart, para los demás hombres del seminario del fin de semana, y por fin para mi esposa Margie y mis hijas cuando regresé a casa. Los dones a Bart y a los demás hombres llegaron casi simultáneamente unas pocas horas después de nuestra experiencia en la capilla esa mañana. La bendición de Bart también me bendijo profundamente. Yo le había escrito a Bart una carta en la que le decía cuánto lo quería y lo orgulloso que estaba de él. Después de leerla, vino a encontrarse conmigo en el medio del salón. Cuando extendió su mano para darme las gracias, uno de los hombres de nuestro equipo, Fern, nos empujó, y dijo con su pobre inglés: "los hermanos se abrazan". Con eso, Bart y yo nos abrazamos llorando mientras el Espíritu Santo sanaba cada uno de nuestros corazones. Bart, que tenía cinco años cuando papá se fue, más tarde me dijo que el Padre le habló en ese momento: "Yo soy padre de los huérfanos. Yo soy tu padre". ¿Es una coincidencia que la charla anterior trataba de "El cuidado amoroso de Dios"? Mientras Bart y yo nos abrazábamos, hubo una efusión del Espíritu Santo en la habitación. Su presencia era tan densa que todos los presentes rompieron a llorar, cada uno experimentando un toque personal del increíble amor del Padre. Verdaderamente fue un acontecimiento asombroso, que yo nunca olvidaré.

Antes del fin de semana, yo había orado que de verdad pudiera conocer a Dios y fuera capaz de amar a Margie de una manera totalmente nueva. Jesús respondió a esas oraciones más allá de mis sueños más delirantes. Nunca podría haberme imaginado los acontecimientos que ocurrieron en ese fin de semana, especialmente el modo en que el fin de semana había comenzado para mí en total desolación. Al llegar a casa después del retiro, estaba todavía lleno del Espíritu Santo, emanando su amor y alegría. Cuando vi a Margie, sentí por ella un amor que era totalmente nuevo, sin duda una manifestación del amor que yo mismo acababa de recibir. Mis ojos se abrieron para ver la belleza y la bondad de mi joven esposa de una manera completamente nueva. La rodeé con mis brazos y la abracé como nunca lo había hecho. Aunque teníamos todavía mucho trabajo que hacer, y aún lo tenemos, fue un nuevo comienzo de muchas maneras. Después de dudar nuestro amor durante años, ambos tuvimos la certeza de nuestro amor el uno por el otro en aquel momento. Después de abrazar a Margie, no podía esperar para abrazar a Carrie y a Kristen, de doce y diez años entonces. Mi corazón estaba lleno y quería compartirlo con aquellos a quienes más amaba.

Mi transformación personal y renovación espiritual pronto afectaron a muchos otros, incluyendo a miembros de mi familia extensa y a mis relaciones profesionales. Un proceso llamado Reconstrucción Familiar se convirtió en un importante catalizador, donde el Espíritu Santo me condujo a enfrentarme a las heridas de cuando papá se marchó. En CRSP, mi Padre celestial restauró mi relación con Él. A través de Reconstrucción Familiar[3], su abrazo sanador transformó mi relación con mi padre terrenal.

En los años siguientes, la mayoría de los miembros de mi familia han tenido también profundas experiencias en retiros de Cristo Renueva su Parroquia y con Reconstrucción Familiar. Algunas de las experiencias más asombrosas, que compartiré más tarde en el libro, se refieren a mi hermano Dave.

Una por una, Dios concedió oportunidades a cada uno de los miembros de la familia de experimentar sus propias gracias personales, que causaron su propia sanación, y que inevitablemente produjo más sanación para el resto de la familia también. Y no acabó ahí. Esta ola de gracias sanadoras, por el poder del Espíritu Santo, se extendieron a la comunidad profesional. Después de asistir a una Conferencia de Terapistas Cristianos juntos, varios de mis colegas y yo fundamos una comunidad de Reconstrucción Familiar centrada en Cristo, que se reunía una vez al mes durante los siguientes veinte años. Miles de personas han recibido sanación y transformación a través del amor de Dios derramado a través de esta comunidad.

Lo único que puedo decir es: *Dios es tan bueno*. Aunque yo había dudado de su bondad, debido a mis percepciones distorsionadas, Él me reveló su amor misericordioso y curó las heridas que habían tenido a mi corazón atado durante tantos años (ver Jn 4:8; Sal 103:1–14). Su amor sanador alcanzó a mi esposa, mis hijas, la familia extensa y muchos más en la comunidad parroquial y profesional. Dios no tiene acepción de personas (ver Heb 10:34–35). Te ofrece a ti el mismo amor, a tu familia y a aquellos a quienes toca tu vida. ¿Quieres conocer su bondad? Sígueme a través de este libro y llega a conocer su bondad en la persona de Jesús. Empezamos por encontrarnos con Jesús como el Buen Maestro en el capítulo 2.

CAPÍTULO DOS

EL MAESTRO BUENO

El hombre moderno escucha más a los testigos que a los maestros, y si escucha a los maestros, es porque son testigos.

Pablo VI
Evangelización en el mundo moderno

¿Cómo conociste por primera vez a Jesús? Cuando somos niños, a muchos nos enseñan sobre él nuestros padres, maestros y párrocos y luego llegamos a conocerle por nosotros mismos en las narraciones de los evangelios. Estos primeros encuentros con Jesús—el Buen Maestro (por ejemplo Lc 18:18; Mt 19:16) funcionan como nuestra experiencia de Dios más básica y fundamental. También nos introducen a su amor sanador. Su enseñanza nos lleva a la verdadera libertad (Jn 8:31–32).

La mayor pobreza del mundo es la pobreza espiritual. Cuando a los niños no se los acerca a Jesús temprano en su vida, se llenan con la basura del mundo. Incluso algunos niños que crecen en hogares nominalmente cristianos, a menudo están hambrientos de conocer la verdad. ¡Qué tragedia que incluso en muchas escuelas católicas hoy, Jesús y su enseñanza no están en el centro!

Mi experiencia durante once años en escuela católica fue todo lo contrario. Desde el principio al final, se me enseñó "el camino, la verdad y la vida" (Jn 14:6). En la mayoría de las clases, con pocas excepciones, nuestros maestros nos enseñaron una verdad sólida y nos mostraron por medio de su ejemplo el modo de vivir en Cristo. Muchos de esos maestros (laicos, monjas, entrenadores y sacerdotes) eran testigos fieles del Evangelio. No eran perfectos, pero vivían lo que enseñaban con cierta medida de autenticidad y fidelidad. Yo podía confiar en su enseñanza porque la demostraban en sus vidas.

Estos maestros estaban construyendo sobre el fundamento que habían puesto mis padres para mis hermanos y para mí desde el momento en que nacimos. Hasta que las cosas empezaron a deteriorarse, se nos proporcionó una sólida formación en la fe. Casi sin darnos cuenta, nos estábamos formando como discípulos de Jesús, no con una atmósfera religiosa represiva, sino con los momentos ordinarios de interacciones amorosas y vida fiel como familia. A través de su enseñanza, disciplina y principalmente por sus ejemplos diarios, mis padres nos enseñaron a construir nuestra casa sobre la roca de Cristo, practicando activamente lo que se nos enseñaba (Mt 7:24). El amor era la norma de nuestra familia, permitiéndonos confiar implícitamente en nuestros padres y el Dios que ellos revelaban a través de la palabra y la acción. Yo recuerdo con mucha gratitud todo lo que mis padres nos enseñaron y sacrificaron por nosotros.

De niño, yo amaba a mis dos padres, pero naturalmente miraba a mi papá como modelo principal. Era mi héroe. Yo quería ser como él en todo. Mi papá era guapo, inteligente, atlético y el tipo de padre que jugaba y oraba con sus hijos. Se bajaba a nuestro nivel y jugaba con nosotros por horas, manteniendo al mismo tiempo su autoridad como padre y cabeza del hogar. Firme disciplinario, también perdía los estribos de vez en cuando, causando que yo a veces me sintiera intimidado. Pero después de gritar, siempre regresaba y tiernamente pedía perdón por haber herido mis sentimientos.

Delante de nosotros, especialmente durante mis diez primeros años, papá vivía lo que enseñaba. Seguir su ejemplo era como respirar el aire. Todos lo imitábamos sin darnos cuenta de que lo estábamos haciendo. Esto es lo que hizo tan difícil el que mis padres empezaran a pelear y yo descubriera que papá estaba viviendo una doble vida. Dave y yo, sin darnos cuenta, lo seguimos tanto en la virtud como en el pecado. Durante nuestros primeros años, seguíamos el buen ejemplo de papá "en el camino que lleva a la vida" (Mt 7:14), pero cuando papá comenzó a perderse por el camino a la destrucción, Dave y yo seguimos ciegamente caminando en la misma dirección.

Más tarde descubrimos que papá estaba fumando, bebiendo y traspasando los límites con mujeres "a escondidas" de mamá y de nosotros. Dave y yo estábamos haciendo cosas parecidas, y escondiéndonos de nuestros padres, maestros y sacerdotes. Empezamos a fumar, a robar y a mirar a revistas de adultos durante la escuela primaria y por fin empezamos a beber y a traspasar los límites con chicas cuando apenas éramos adolescentes. Estábamos siguiendo ciegamente las huellas de papá, como Jesús había advertido: "¿Puede un ciego guiar a otro ciego? ¿No caerán los dos por un barranco? . . . cuando está formado, todo discípulo será como su maestro" (Lc 6:39–40).

Lo peor es que sabíamos lo que estábamos haciendo. Con nuestros cimientos sólidamente formados por la enseñanza de Jesús, entendíamos que estábamos mal cada vez que rompíamos los mandamientos de Dios. No importa cuánto racionalizáramos nuestra conducta, no teníamos excusa. De otro modo, no habríamos ocultado nuestros pecados. Pero no podíamos engañar a Dios: estábamos solamente engañándonos a nosotros mismos con nuestras propias mentiras (Santiago 1:22; 1 Pedro 1:13). Por último, los dos tendríamos que cosechar las consecuencias de nuestras conductas destructivas, como había advertido la Escritura: "No se engañen; nadie se burla de Dios. Se recoge lo que se siembra" (Gál 6:7).

Papá y Dave fueron los que más sufrieron, porque le dieron la espalda a Jesús durante mucho tiempo. Pagaron el precio durante muchos años. De alguna manera, por la gracia de Dios, yo me salvé de seguir sus pasos del todo. Con la ayuda de mi mamá, buenos maestros, entrenadores, y sacerdotes, regresé a Jesús y a su enseñanza en el décimo grado (aunque no perfectamente). Mi educación católica fue una gran parte de mi proceso de sanación. Me proporcionó el fundamento que me mantendría protegido y dirigido por el camino correcto, hasta que me encontré con el amor del Padre muchos años después.

Un momento crítico de cambio para mí llegó en el noveno grado, un año después de la marcha de papá. Estaba perdido necesitado de orientación. Estaba en la última fila de la clase de matemáticas del señor Rentz en North Miami Junior High, confuso y desorientado por todo lo que había ocurrido en el año anterior. Casi no podía reconocerme a mí mismo en este extraño nuevo ambiente, que parecía más un circo que una escuela. Para empeorar las cosas, había pocos cabecillas. Los alumnos faltaban al respeto descaradamente a los maestros y los maestros pasivamente lo soportaban.

El hecho de que estaba haciendo la transición a una nueva escuela no me ayudó a hacer el ajuste más fácilmente. Yo era el forastero, el chico del norte sin bronceado de playa y con pocos amigos. Me había retrasado tanto en mi trabajo de la escuela, que me había dado por vencido sobre mis calificaciones y me resigné a otra D en matemáticas.

Aparentemente mi maestro, el señor Rentz, tenía otras ideas. Enseñaba con mucho entusiasmo y quería que todos sus alumnos disfrutaran las matemáticas tanto como él. Su pasión, emparejada con su enfoque firme y atento, despertaba el respeto de sus alumnos. Su clase era completamente distinta de la mayoría de las demás. Por alguna razón, su opinión me importaba y no quería desilusionarle. Es más, no quería pasar vergüenza delante de la clase. Para evitar que me llamaran, me escondía en la última fila, esperando que no se diera cuenta de mi presencia.

Mi estrategia funcionó por un tiempo, pero, inevitablemente, el señor Rentz me llamó a salir al pizarrón a resolver un problema de matemáticas. Renuente, pasé al frente, sin seguridad de cómo iba a simular saber la respuesta. Cuando me preparaba para ser humillado delante de todos, el señor Rentz me sorprendió. En lugar de avergonzarme delante de mis compañeros, me animó, dirigiéndome a través del problema y ofreciéndose a ayudarme a ponerme al día al final de la clase. Después de la escuela, cuando me encontré con él, siguió dándome ánimo, diciéndome que era capaz de hacer el trabajo.

Las acciones de del señor Rentz me comunicaron que él creía en mí y que se interesaba por mí. Esa noche fui a casa y trabajé en mis problemas de matemáticas durante horas. El sistema siguió durante muchas semanas hasta que por fin alcancé a la clase. Para el final del año escolar, me había ganado una A en matemáticas. El señor Rentz estaba orgulloso de mí y yo estaba bastante satisfecho conmigo mismo. Fue como un nuevo comienzo. Esta confianza renovada, buenas calificaciones y pasión por aprender, siguió durante la secundaria, pasando por la universidad y hasta la escuela graduada. Incluso el día de hoy, sigue encantándome estudiar, aprender, y enseñar.

No recuerdo si alguna vez le di las gracias al señor Rentz, pero he dado gracias a Dios por él. El señor Rentz reveló el rostro de Jesús a este adolescente perdido. Para mí, él era la encarnación del Maestro Bueno en un momento en que no sabía cómo encontrarme con Jesús directamente. ¿No es maravilloso como un acto de interés de un maestro puede impactar radicalmente la vida de un alumno? En lugar de seguir los pasos de mi hermano mayor Dave, que abandonó la escuela en el décimo grado, mi vida tomó una trayectoria totalmente distinta. Porque él se interesó por mí, yo pude interesarme por mí mismo de nuevo.

TOMA UN MOMENTO

Toma un momento para recordar qué maestros en tu vida te reflejaron mejor a Jesús.

- ¿Te ayudaron algunos de esos maestros a redirigir tu vida? ¿Quién y cuándo?

- ¿Qué maestros te ayudaron a despertar tus pasiones, intereses y la llamada de Dios en tu vida?

- ¿Qué maestros fueron buenos modelos, viviendo lo que enseñaban?

Ahora veo mi educación cristiana como un precioso regalo de Dios, pero la había considerada como caso hecho, hasta que ya no la tenía. Ir a la universidad me abrió los ojos. Excepto mi noveno año, toda mi educación hasta ese momento había ocurrido en escuelas católicas. Solamente después de dejarla, me di cuenta de lo buena que había sido mi educación en la escuela elemental y en la preparatoria. Algunos cursos en Columbia siguieron construyendo sobre la buena base de la preparatoria. Al estudiar a san Agustín y a los filósofos de la cultura occidental, vimos cómo el arte, la filosofía, la ley, y la música clásica expresaban bellamente la verdad del Evangelio a través de los siglos. Pude ver claramente cómo toda la civilización occidental se ha construido sobre los cimientos de Jesucristo y las enseñanzas de la Iglesia, al menos hasta el periodo de la Ilustración de los siglos XVII y XVIII.

Vi algo del mal fruto de la Ilustración en otras clases y maestros, que parecían aumentar las mentiras culturales más que construir sobre la verdad del Evangelio. Un ejemplo de esto fue mi primer curso electivo: "Introducción a la filosofía". En la expectativa de un tema estimulante, fui corriendo a la clase y pronto me di cuenta de que el hombre con el pelo largo al frente de la clase era mi profesor. Me recordaba un poco a mi hermano Dave, que por entonces tenía el pelo largo y estaba hundido en las drogas. Incluso la filosofía de vida de mi profesor sonaba como la de Dave. Era algo así: "Si estás buscando sentido a la vida, déjalo ya. No existe. Solo hay experiencias; algunas buenas y otras no tan buenas".

Me quedé atónito al escuchar tales palabras en boca de un profesor. Esto era un gran contraste con los sacerdotes y religiosos y religiosas que me enseñaron en las escuelas católicas, donde todo tenía sentido y propósito. Antes de que me pudiera recuperar del susto inicial, mi profesor continuó: "Me desperté esta mañana y me tomé algunas anfetaminas para colocarme; en el almuerzo fumé marijuana para sentirme suave, y me fumaré otro porro después de la cena. Cuando me vaya a la cama esta noche, me tomaré algunos depresivos para ayudarme a dormir".

La palabra filosofía significa "amor por la sabiduría". ¿Cómo podía confiar que este hombre me enseñara algo sobre la sabiduría en la vida? Noten que yo mismo no estaba viviendo la verdad auténticamente y plenamente; no tenía derecho a arrojar ninguna piedra de condenación en su dirección (ver Jn 8:7). Pero eso no me impidió cultivar en mí mismo una actitud de superioridad, que había empezado años antes cuando había formado juicios contra mi padre y mi hermano.

Mi vida tenía sentido y propósito, algo que él no parecía tener, pero al menos él era sincero. Vivía lo que aseguraba creer y era sincero en compartirlo. Por mi parte, yo estaba eligiendo los aspectos de mi fe que quería practicar, mientras que racionalizaba y escondía mis pecados tras una máscara de justicia y derecho. Estaba siendo un hipócrita, pero Jesús veía a través de mi fachada.

> ¿Por qué miras la paja que hay en el ojo de tu hermano y no ves la viga que está en el tuyo? ¿Cómo puedes decir a tu hermano: 'Hermano, deja que te saque la paja de tu ojo' tú, que no ves la viga que tienes en el tuyo? ¡Hipócrita! Saca primero la viga de tu ojo y entonces verás claro para sacar la paja del ojo de tu hermano (Lc 6:41–42).

Yo juzgaba a mi hermano y a todo el que se le pareciera y, sin embargo, seguía teniendo tanta necesidad de un salvador como ellos. Ahora recuerdo con compasión a aquel profesor de filosofía y me pregunto de qué se estaría escapando en su vida. Él también tenía necesidad de un maestro bueno para construir su confianza y para enseñarle la verdad, ofreciéndole esperanza. Solo puedo preguntarme quién habría roto tal confianza en algún momento de su vida. Tenía que ser algo que le hiciera abandonar esperanza completamente, como lo habían hecho papá y Dave.

Aunque yo juzgaba a este profesor bajo el pretexto de los valores cristianos, yo estaba actuando más como los orgullosos fariseos, que como Jesús. No hay nada que se parezca a Jesús en una actitud de superioridad. Jesús no juzgaba ni condenaba de esa manera. Aunque su juicio es justo, no vino a este mundo a juzgarnos. Más bien, vino a revelar la misericordia y la compasión de Dios (Jn 3:17–21). Su misericordia triunfa sobre el juicio (ver Santiago 2:13).

Yo conocía la Escritura sobre la misericordia de Dios que supera al juicio, pero esta verdad tardaría muchos años en penetrar en mi corazón. El catalizador de esta conversión más profunda llegó de una fuente muy improbable: la película *Good Will Hunting*. Empezó sin grandes pretensiones cuando mi esposa y yo decidimos ir al cine y a cenar para nuestra cita semanal. Margie escogió la película. Yo no me detuve a ver que tenía una clasificación R. Pero en cuanto empecé a verla, el lenguaje y una escena de sexo implícita empezó a perturbarme. Estaba dispuesto a irme, pero Margie parecía muy metida en la película, lo cual me ofendió todavía más. Silenciosamente, me quedé ahí juzgándola por disfrutar de la película. Digamos que mi estado mental no era apropiado para una tarde romántica juntos.

A medida que avanzaba la película, empecé a relajarme y me encontré interesado en la historia, que resultó ser sorprendentemente redentora. Will Hunting, el personaje principal, era un joven muy maltratado pero brillante. Sus heridas le impedían vivir a su pleno potencial. Se escondía de sí mismo y estaba totalmente fuera de contacto con su propio corazón. ¿Suena como alguien que conoces? El terapista de Will, Sean McGuire, también había sido terriblemente maltratado de niño y podía ver a través de las máscaras de Will.

En la escena más chocante de la película, Sean persigue incansablemente el corazón herido de Will, y por fin rompe las defensas de Will. A medida que se desarrolla la escena, de pronto me di cuenta de que estaba viendo una versión moderna de la historia del hijo pródigo.[1] Cuando Will (el hijo pródigo) solloza en los brazos de su terapista (una imagen del Padre) puede finalmente liberar los torrentes de dolor y decepción que había estado cargando toda su vida.

Sean, el terapista, también revela el poderoso amor de Jesús. Como Jesús, Sean conocía íntimamente el sufrimiento de Will por su propia experiencia, lo cual le permitía identificarse con el quebrantamiento de Will. Al ver desarrollarse todo esto, finalmente comprendí el significado del título de la película. Es un inteligente juego de palabras: tras todo su pecado, heridas y defensas, Will profundamente deseaba lo que es bueno, y había estado persiguiendo la buena voluntad toda su vida. Abusado y abandonado como niño, por fin encontró en Sean a alguien que le entendía y le revelaba el amor de Dios hacia él.

Mientras yo estaba haciendo la conexión con la historia del hijo pródigo (Lc 16), empecé a preguntarme quién representaba al hermano mayor. Me sorprendió darme cuenta de que era yo mismo. Había estado juzgando a mi propio hermano la mayoría de mi vida, además de a mi padre, y ahora a mi esposa. Cualquiera que estuviera cerca de mí y no alcanzara los parámetros de mi moralidad era un posible blanco de mi juicio.

De pronto, me di cuenta de que necesitaba la misericordia del Padre tanto como ellos. Hasta entonces, el personaje de Will me había sido extraño, pero ahora me podía identificar. Yo no era mejor que Will. Yo también tenía una tremenda herida de mi padre y seguía escapando del Padre. Como Will, yo negaba mi anhelo del abrazo del Padre y me mantenía protegido por capas de aislamiento que acorazaban mi corazón. No importa cuánto lo intentara, como Will, yo no me podía arreglar a mí mismo con mi inteligencia y mis logros. Necesitaba a Jesús, que conocía lo más profundo de mi dolor y estaba dispuesto a persistir cuanto fuera necesario para romper esas barreras internas. Yo quería liberarme y dejar de esconderme tras la fachada de mis juicios y orgullo. Quería ser encontrado, ser conocido y, sobre todo, ser abrazado.

¡Qué ironía y qué parecido a Dios que usara esta película clasificada R que yo no quería ver para desvelar mi actitud de superioridad y revelar los anhelos más profundos de mi corazón! Al quedarme ahí viendo el resto de la película, me sentí desnudo en lo más profundo de mi ser, con las lágrimas corriendo por mi rostro. Estaba perdido en mis propios pensamientos.

Ni siquiera sé qué pasó el resto de la película, pero recuerdo cuando Margie y yo volvíamos a nuestro auto al finalizar. Estábamos tomados de la mano y en silencio. Margie está en su mejor punto en momentos así, cuando siente una vulnerabilidad genuina en mí. Esperó unos cuantos minutos y dijo sencillamente: "No tenemos que ir a cenar; vámonos a casa". Luego, otra vez en silencio, me dejó hablar cuando estuve preparado. En ese momento, ella era mejor terapista que lo que yo nunca hubiera sido, a pesar de todos mis años de entrenamiento y experiencia.

Llorando de nuevo, solo fui capaz de decir unas pocas palabras. "Soy un fraude", dije solemnemente. La mirada sorprendida de Margie me hizo saber que no estaba expresando bien lo que me estaba pasando por dentro. Seguí contándole mi propia actitud anterior de superioridad y juicio mientras veíamos la película. Luego le dije cómo me había sentido captado y convicto por la escena entre Will y el terapista. Aunque había pasado toda mi carrera enseñándole a la gente sobre el amor y la sanación de Dios, estaba fracasando miserablemente en ser un testigo auténtico de estas verdades. Estaba más cómodo escondido detrás de mi conocimiento, demasiado temeroso de amar con el abandono total de Jesús. Animaba a todos a enfrentarse a sus heridas, pero me mantenía resistente a enfrentarme a las mías propias.

Según iba sacándolo todo de mi corazón, le confesé a Margie todos los modos en que me sentía fracasado como maestro y terapista auténtico, e incluso más como su esposo. Pasé a decirle cuánto deseaba ser un mejor esposo y terapista. Deseaba tener la audacia de amar de la manera en que Sean amaba en la película, pero tenía demasiado miedo a abrirme de esa manera. Estaba entrenado para mantener mi distancia profesional, pero más al fondo de todo, estaba la deformación que había vivido a través de las personas que habían traicionado mi confianza. También expresé el deseo de sanación que recibió Will; cuánto anhelaba la experiencia de un abrazo más profundo del Padre que tocara el núcleo de mi dolor.

Margie, que no es dada a analizar demasiado, me respondió compasivamente: "Siempre intuí que había más herida ahí con la marcha de tu padre. Me pregunto qué llevará el sanarte completamente".

Me quedé atónito con su respuesta, tanto por su increíble intuición sobre mi corazón, que yo había ignorado tan frecuentemente, como, e incluso más, por su consciencia de que mucho de mi dolor y falsedad estaba arraigado en mi escape de mis heridas de la infancia.

TOMA UN MOMENTO

Toma un momento para reflexionar sobre los juicios que has tenido sobre miembros de tu familia u otros.

- ¿A quién juzgaste? ¿Cómo te hirieron?
- ¿Puedes identificar específicamente los juicios que hiciste sobre ellos?
- ¿Cómo y cuándo te abrió Jesús los ojos a la verdad?

De manera parecida a la de Will, yo me pasé la mayoría de mis veintes buscando la verdad, mientras que al mismo tiempo me escapaba de ella. Estudié las religiones mundiales, tratando de buscar un denominador común entre todas ellas. Leí la Biblia, así como otros libros de espiritualidad y de auto-ayuda. Asistí a la Misa católica y visité iglesias de muchas denominaciones distintas. Disfruté aprendiendo sobre las diferencias de fe, pero tenía miedo de comprometer mi corazón con algo o alguien. Al final de todo, aunque había conseguido mucho conocimiento, acabé más confundido que cuando empecé. Luchaba por entender cómo se podrían conciliar las muchas diferencias de creencia. Muchos estaban citando de la misma Biblia, pero con interpretaciones opuestas. ¿En quién o quién podría yo confiar que estaba la verdad?

Durante el tiempo de búsqueda, mantuve las cosas en su mayor parte a un nivel seguro, intelectual, sin profundizar mucho en mi propio corazón, donde me sentía perdido e inseguro. No confiaba plenamente en ninguna autoridad. Me preguntaba si había alguna base sólida donde apoyarme. Quizá los ateos secularistas tenían razón: ¿existe la verdad absoluta? ¿Te has preguntado alguna vez esto en tu vida? Si es así, entiendes lo inquietante que puede ser cuestionar los propios fundamentos de tu seguridad. Estoy seguro de que todos estos factores contribuyeron a tantos ataques de pánico que sufrí al final de mis años veinte.

En medio de todo esto, compartí mi lucha con algunos queridos amigos, Jim y Lois. Jim, treinta años mayor que yo, luego se convertiría en uno de mis hermanos de CRSI. Yo había tenido amistad con él y Lois varios años antes de CRSI. Confiaba en ambos y sabía que podía acudir a ellos con mis preocupaciones personales. Es más, respetaba su testimonio auténtico de amor y fidelidad, y confiaba en ellos más que en cualquier otra persona en mi vida. Ellos vivían su fe genuinamente, con amor y alegría.

Cuando compartí mi confusión y ansiedad, ambos demostraron mucha empatía y me ayudaron a ver claramente en medio de mi confusión. Aunque esta conversación concreta ocurrió hace más de treinta años, todavía hoy tengo un vivo recuerdo de ella. Lois compartió una confusión parecida de un tiempo anterior en su vida. Alguien en quien había confiado y admirado le recomendó que se entrara únicamente en la persona de Jesús. Cuando lo hizo, todo se le quedó más claro que el agua, llevándola por fin a enamorarse profunda y apasionadamente de Jesús. Años más tarde encontró que la autoridad de la Iglesia católica era guardiana digna de confianza del Evangelio y entró en la Iglesia como conversa.

Tan pronto como Lois compartió su experiencia, supe dentro de mí que su sabiduría venía directamente del Espíritu Santo. El suyo está entre los mejores consejos que he recibido en mi vida.

Después de mi conversación con Jim y Lois, empecé a estudiar las Escrituras con un enfoque renovado—tratando de aprender todo lo que podía sobre Jesús. Como maestro yo mismo, primero me sentí atraído a él como Maestro. No tardé mucho en descubrir que Jesús era más maravilloso que cualquier maestro que haya conocido nunca y muy distinto a todos los maestros muy cultivados de su tiempo. Una y otra vez, la gente se asombraba de su enseñanza. Hablaba con autoridad, y no "como los escribas" (Mc 1:22).

Los escribas y los fariseos eran los expertos del tiempo de Jesús, pero, a pesar de su conocimiento, su enseñanza no tenía autoridad (Mt 23). Aunque enseñaban sobre Dios, no lo conocían. Jesús dijo que su culto a Dios era más de labios que de verdad. Sus corazones estaban lejos de él (Mt 15:8). Todos los que aprendían de ellos podían ver claramente su falta de autenticidad, incluso si ellos mismos no podían.

Jesús era completamente diferente. Hablaba de la esencia de su intimidad con el Padre. Toda palabra que salía de la boca de Jesús estaba llena de la fuerza del Espíritu Santo. Al contrario que cualquier otro maestro en la historia del mundo, Jesús vivía plenamente lo que enseñaba y proclamaba exactamente lo que vivía. Proporcionaba el testimonio totalmente auténtico que yo había estado buscando toda mi vida. Era el único que merecía totalmente el peso de mi admiración, la única persona a la que podía encomendar mi corazón.

Jesús destilaba humildad y su enseñanza estaba llena de integridad. Cuando enseñaba sobre el reino de Dios, lo apoyaba demostrando el amor de Dios y su poder a través de la sanación y los milagros. No enseñaba sólo preceptos que la gente tenía que seguir, como los demás líderes religiosos; más bien, salía al encuentro de la gente y se preocupaba por sus necesidades más profundas. Al contrario que yo mismo y muchos a quienes yo conocía, Jesús nunca hacía nada por egoísmo u orgullo, sino que siempre actuaba por amor a su Padre. Su corazón se derramaba con compasión y misericordia hacia los pobres y todos los oprimidos en cuerpo, mente o espíritu.

Cuando más estudiaba sobre este Maestro Bueno, más se sentía atraído mi corazón hacia él. Por primera vez desde la marcha de papá, empecé a confiar plenamente en las palabras de alguien con autoridad. Gradualmente, mi corazón empezó a descansar de nuevo. Pensé para mí mismo: Ésta es la única persona que nunca me defraudará. Desde ese momento, se me hizo fácil confiar en la autoridad de la Escritura y, al fin, en el magisterio de la Iglesia. Todo esto revelaba a Jesús y yo tenía garantía de que su enseñanza era plenamente confiable.

El llegar a conocer a Jesús de este modo fue transformador de la vida y profundamente sanador. Por primera vez desde mi infancia, empecé a sentirme seguro de nuevo. Pero pronto, mi recién encontrada confianza dio paso a más temor y ansiedad cuando me di cuenta de que no pedía permanecer neutral con Jesús. Jesús no tenía estudiantes esporádicos; tenía discípulos que entregaban todo para seguirle. Creían en él con toda su vida y lo seguían a dondequiera que fuese. No se sentaban en la escuela y estudiaban para adquirir conocimientos. Seguían a Jesús y hacían todo lo que él hacía.

> *Jesús no tenía estudiantes esporádicos; tenía discípulos que entregaban todo para seguirle.*

Empecé a comprender que creer en Jesús era mucho más que recitar el credo, guardar los mandamientos o ir a la Iglesia el domingo. Exigía un compromiso radical de mi vida y de todo lo asociado con ella. El diálogo de Jesús con el oficial rico en el evangelio de Lucas dejaba esto totalmente claro:

> Oficial rico: Maestro bueno, ¿qué debo hacer para heredar la vida eterna?
>
> Jesús: ¿Por qué me llamas bueno? Sólo Dios es bueno. Tú conoces los mandamientos: No cometerás adulterio, no matarás, no robarás, no darás falso testimonio, honra a tu padre y a tu madre.
>
> Oficial rico: Todo esto lo he cumplido desde mi juventud.

Jesús: Una cosa te falta todavía: vende todo lo que tienes y distribúyelo entre los pobres y tendrás un tesoro en el cielo. (Lc 18:18–22)

Jesús veía la bondad genuina de este hombre y lo admiraba. Pero quería arrancar cualquier raíz de autosuficiencia o autoconfianza de este hombre, mostrando que Dios es la fuente y origen de toda bondad verdadera y que una fe genuina requiere una dependencia total de Dios y no de uno mismo. Jesús es el único maestro bueno porque es Dios; solo él es verdaderamente bueno. De otro modo, no tendría autoridad para llamar a este hombre o cualquiera de nosotros a tal discipulado radical.

Seguir a Jesús suena atractivo, hasta que tenemos que dejar atrás nuestra autosuficiencia. ¿No quedamos todos aterrorizados en cierta medida cuando leemos esta historia? Tratamos de racionalizar: ¿Es que Jesús de verdad quiere que dejemos todo para seguirle? ¿Tiene esto resonancia en ti, o soy yo el único que lo encuentro aterrorizante? Me consuelo cuando veo que el papa Francisco entiende mi temor. Al enseñar sobre las Bienaventuranzas, dijo: "Tenemos miedo de la salvación. La necesitamos, pero la tememos. Tenemos que entregarlo todo. ¡Él está a cargo! Y tenemos miedo de esto. . . queremos controlarlo nosotros mismos"[1].

¿Recuerdan mi encuentro con Jesús (en el capítulo 1) donde me desafió a ser o "frío o caliente"? Me sentí amenazado en lo más profundo de mi ser. No quería (y en cierto modo todavía no quiero) abandonar mis falsas seguridades. Quiero vivir la vida en mis propios términos. Pero eso no es vida: es muerte. Jesús lo dejó muy claro: "El que trate de salvar su vida, la perderá; y el que la pierda, la conservará" (Lc 17:33).

TOMA UN MOMENTO

Toma un momento para pensar cómo has estado tratando de salvarte a ti mismo.

- ¿Qué estrategias de autosuficiencia has usado para tratar de encontrar realización en la vida?
- ¿Has entregado tu vida completamente a Jesús?
- ¿Crees que es totalmente digno de tu confianza?

Si no confías totalmente en Jesús, no te engañes a ti mismo. Sencillamente, sé sincero contigo mismo y con él sobre esto. Él es el Médico Compasivo, y nos invita a cada uno de nosotros a presentarle nuestras heridas para que pueda sanarlas.

CAPÍTULO TRES

EL MÉDICO COMPASIVO

*Los milagros ocurren. ¡Pero hace falta oración! Una
oración audaz, que lucha por el milagro. No como las
oraciones de cortesía: ¡Ah, pediré por ti!*

Papa Francisco
L'Osservatore Romano

Al entrar en la narrativa del evangelio de Mateo 9:27, imagínate que
tú y yo somos los dos ciegos que buscamos un encuentro con Jesús.
Hasta ahora, hemos preferido estar en los márgenes de la ciudad antes
que enfrentarnos a las miradas públicas. Nos da vergüenza nuestra
enfermedad.

Pero, como las historias de sanaciones milagrosas circulan por
nuestro pueblo, notamos el aire de entusiasmo entre nuestros conci-
udadanos, y eso nos da un raro sentido de esperanza y audacia. Nadie
ha visto u oído tales cosas antes en nuestros días. ¿Es posible que haya
llegado el esperado Mesías?

Tú y yo nos susurramos el uno al otro: "Quizá nos sane *a nosotros*".
Parece imposible, pero las noticias de un paralítico curado en el pueblo
vecino nos aumenta todavía más las esperanzas. Nuestro sentido de
ilusión aumenta según los informes de que el sanador viene a nuestro
pueblo y corren por la ciudad. Todo a nuestro alrededor es entusiasmo
entre la gente. Dicen que ya llega por el camino frente a nosotros. Nos

45

precipitamos tras la multitud, gritando: "¡Hijo de David, ten piedad de nosotros!".

De repente, la multitud se detiene frente a la casa de alguien. El sanador ha desaparecido. ¿Está adentro? ¿Hemos perdido la oportunidad? Sin miedo, gritamos otra vez, incluso con más fervor: "¡Hijo de David, ten piedad de nosotros!".

Confiando en que nos escucha, instintivamente nos quedamos callados esperando, confiando en que no pase de largo. Por una vez, queremos que se nos vea.

Una voz responde desde dentro de la casa: el Sanador ha reconocido nuestra petición y va a salir a nuestro encuentro. En segundos, sentimos su presencia frente a nosotros. Contenemos el aliento, mientras él extiende suavemente su mano para tocar nuestros ojos: sus pocas palabras tienen una autoridad inconfundible, y la bondad en su voz atraviesa nuestros corazones de un modo que nunca habíamos experimentado. Nos sentimos amados y conocidos por este hombre, que hace segundos era un desconocido.

Cuando nos toca los ojos, sentimos la fuerza que brota de sus manos y un calor que se extiende por todo nuestro cuerpo. Nuestros ojos parpadean y empiezan a temblar. De repente, la luz se abre frente a nosotros, como un relámpago que enciende el cielo en medio de una tormenta de verano. Estallidos de risa alegre explotan como truenos en nuestra boca. En segundos, lágrimas de gratitud bajan por nuestra cara como torrentes de lluvia. Cuando se abre un claro, podemos ver. Los rostros a nuestro alrededor están atónitos, reflejando nuestra propia sorpresa. Quién es este hombre y quién, aparte del poderoso Elías ha devuelto la vista a ciegos de nacimiento?

Conmocionados, tratamos de entender el sentido de lo que está pasando. Nuestros ojos se sienten atraídos por la mirada del Sanador. Él nos ve. Por alguna razón desconocida, le importamos a este hombre. Nos trata con una reverencia que nunca habíamos conocido: esto es casi demasiado de soportar. Sin palabras, sus ojos amables comunican un deseo de sanar todo nuestro ser.

Nuestra sanación física, con ser sorprendente, queda pálida en comparación con la sanación que ahora nos ofrece. Sin palabras, habla a lo más profundo de nuestros corazones. Su mirada penetrante lo dice todo, ofreciendo restaurar las áreas de nuestra alma cegadas por el orgullo, el temor y la falta de fe. Esto es demasiado. Educadamente, rechazamos su oferta, apartando nuestra vista para esquivar la suya. Le agradecemos el tesoro increíble de nuestra vista e insistimos en que lo que nos ha dado es mucho más generoso de lo podamos pagar.

El Sanador nos sonríe con comprensión. Percibiendo la verdadera motivación en nuestros corazones, acepta nuestra protesta y ve que, tras nuestro educado exterior, acecha el terror como un perro guardián herido listo a saltar en cualquier momento. Por primera vez, nos preguntamos si fue un error pedirle que nos curara. Antes de que se restaurara nuestra vista, podíamos escondernos en la falsa seguridad de lo único que conocíamos. Habíamos encontrado comodidad en la oscuridad. Ver y ser visto es más aterrorizante de que lo que habíamos imaginado.

Nos asegura que no tiene intención de violar nuestra voluntad. Sus motivaciones son puro amor, sin condiciones. Tenemos la libertad total de elegir. Su oferta de sanar sigue siendo una invitación abierta. Con esa seguridad, nuestros corazones dejan de latir aceleradamente. Nuestros cuerpos se relajan. Pero no entendemos. ¿Por qué teníamos tanto miedo? Este sanador compasivo solo ha deseado cosas buenas para nosotros y nos ha amado con un amor desconocido hasta ahora.

Salgamos ahora de la narración del evangelio para reflexionar sobre nuestra experiencia. ¿Fue real? "No; por supuesto que no", dices. "Estaba todo en nuestra imaginación". Sí, en cierto modo esto es verdad, pero, ¿fue irreal? ¿Es posible que la experiencia de la imaginación que acabamos de compartir fuera real de modos que no podemos comprender totalmente? Leanne Payne, una mujer con mucha experiencia en utilizar la facultad de la imaginación para facilitar una sanación profunda escribe: "La experiencia imaginativa real es. . . una intuición de lo real. Es un reconocimiento de realidades objetivas. . . en su esencia. . . es la experiencia de recibir de Dios"[1].

Muchos santos y directores espirituales han compartido la perspectiva de Payne a lo largo de los tiempos, incluyendo a san Ignacio de Loyola y san Francisco de Sales. Ellos nos enseñan a estirar nuestra fe colocándonos subjetivamente en las historias del evangelio. Al hacerlo, nos permitimos ser transformados con Jesús al encontrarnos con él en fe. Jesús no está limitado por el tiempo y el espacio. Sigue caminando por nuestras calles, entrando en nuestros hogares, y restaurando nuestros corazones. Quiere sanarnos. ¿Estamos dispuestos?

Al entrar en la historia del evangelio de Mateo, ¿te permitiste sentir lo que es estar enfermo física y espiritualmente? ¿Podrías identificarte con la desesperanza que viene de vivir con una condición por tanto tiempo que dudas de curarte algún día? ¿Sabes cómo se siente el no ser reconocido y sentirte aislado? Estoy familiarizado con cada una de esas experiencias en algún momento de mi vida, y creo que ustedes también.

Por otro lado, ¿sabes también lo que se siente al ser sanado por Jesús, ser traspasado en lo más profundo por su mirada, tocado profundamente por su bondad, confortado por su autoridad y aliviado de la larga aflicción por su poderosa unción? Como compartí en el capítulo 1, yo he sentido su presencia sanadora de esos modos. Su gozo fue como una explosión en mí. No sabía si reír o llorar. Mi corazón latía aceleradamente con temor, preguntándome si perdería el control al permitir a Jesús sanar los lugares más profundos de mi corazón. ¿Puedes relacionar tus propias experiencias con esto? Yo nunca he sido físicamente ciego, así que no sé lo cómo se siente ser sanado así. Pero he sido testigo de milagros de sanación con personas que estaban físicamente ciegas[2]. Es verdaderamente asombroso. También sé lo que es ser confrontado por Jesús en mi ceguera espiritual. Cuando Jesús me habló en mi experiencia del desayuno de oración diciéndome que fuera frío o caliente, pasó a mostrarme mi ceguera y pobreza espiritual en el mismo pasaje:

Tú andas diciendo: Soy rico, estoy lleno de bienes y no me falta nada. Y no sabes que eres desdichado, digno de compasión, pobre, ciego y desnudo. Por eso, te aconsejo: cómprame oro purificado en el fuego para enriquecerte, vestidos blancos para revestirte y cubrir tu vergonzosa desnudez y un colirio para ungir tus ojos y recobrar la vista. Yo corrijo y reprendo a los que amo. ¡Reanima tu fervor y arrepiéntete! (Ap 3:17–19).

Dense cuenta de la frase: "Yo corrijo y reprendo a los que amo". En ese momento, las palabras de Jesús no se sentían con amor. Me sentí amenazado, no consolado. La ansiedad se apoderó de mí; no estaba preparado para derribar mis muros de auto-protección. Pero las palabras de Jesús se colaron por detrás normalmente de mis formidables defensas. Al mirar hacia atrás, reconozco que Jesús estaba diciéndome estas cosas por amor. Ahora estoy eternamente agradecido por su fuerte regaño. Estaba viviendo en tu tipo de oscuridad, cegado por mis enfermedades ocultas y mis pecados. Las palabras de Jesús fueron como el bisturí del cirujano, estirpando el cáncer mortal del orgullo de mi alma. En mi tiempo de adolescencia y primera juventud, yo de verdad creía que estaba bien: no necesitaba nada de nadie, ni siquiera de mi Salvador. Racionalizaba mis muchos pecados y negaba que mi corazón estuviera terriblemente herido, roto en pedazos por el divorcio de mis padres. Estaba enfermo espiritual y psicológicamente; aunque desesperadamente necesitado de sanación, sólo tenía una ligera consciencia de estas necesidades, hasta que Jesús perforó mi fachada. Era como los fariseos que tenían un conocimiento intelectual de Dios, pero negaban su poder de sanar.

Toma un momento para considerar cómo has negado tu necesidad de sanación.

- ¿Te has escondido alguna vez tras una fachada religiosa en tu propia vida? ¿Qué estabas escondiendo tras esa fachada?
- ¿Puedes pensar en un momento en que Jesús reveló tu fachada y te sentiste amenazado? ¿Qué ocurrió como resultado?

Cuando la mayoría de las personas del evangelio experimentan los milagros de sanación de Jesús quedan atónitos. Jesús, en cambio, no está asombrado ante los milagros, sino ante las personas que aseguran creer en Dios pero niegan el poderoso amor manifestado ante sus ojos (Mc 6:6). ¿A quién nos parecemos más? ¿Estamos admirados cuando vemos demostrado el poderoso amor de Jesús? ¿O leemos o escuchamos los relatos del evangelio con una cierta familiaridad e indiferencia? ¿Creemos que Jesús quiere sanarnos hoy? ¿O evitamos encuentros auténticos con Jesús, escondiéndonos quizá tras el orgullo religioso o la arrogancia intelectual, que es simplemente una máscara que cubre nuestra desesperanza y falta de fe?

La mayoría de nosotros creemos en la sanación, siempre que sea del tipo lento y metódico, a través de doctores, medicamentos y prácticas terapéuticas. Todo eso está bien, pero, ¿dejamos espacio a Jesús? ¿Sabes que una de las palabras usadas para describir la sanación de Jesús en los evangelios es *therapeua*, que es donde se deriva nuestra palabra para terapista? Jesús es el mejor terapista y médico que nadie pueda tener. Pero regularmente negamos que sea el médico de nuestras almas y cuerpos. ¿Hay algún lugar en nuestra vida para una sanación que no se base en la ciencia y la formación médica?

Por favor no me malinterpreten. Una formación sólida y práctica científica son dones de Dios, cuando se integran plenamente con nuestra fe[3]. Como terapista, he pasado por largos años de entrenamiento: y sigo estando agradecido de que mis doctores hayan recibido también un entrenamiento considerable. Estoy de acuerdo con Francis MacNutt cuando dice: "No concibo en absoluto la oración para la sanación como el negar la necesidad de doctores, enfermeras, consejeros, psiquiatras, o farmacéuticos. Dios obra en todos ellos para curar a los enfermos"[4]. Lo que quiero decir es que hemos llegado a tratar la medicina y la psicología moderna como dioses, mientras que negamos al verdadero médico de nuestras almas y cuerpos. ¡Esto tiene que cambiar!

> *Nuestra fe necesita alargarse para poder recibir abiertamente la sanación que Jesús quiere darnos tan gratuitamente.*

Si la sanación es esencial para el cristianismo, como asegura el papa Benedicto XVI, debe ser restaurada a su lugar justo en la Iglesia y en todas nuestras vidas. Nuestra fe necesita alargarse para poder recibir abiertamente la sanación que Jesús quiere darnos tan gratuitamente. ¿Estamos dispuestos a que se amplíe nuestra capacidad de recibir de Dios?

Para mí, hubo un momento significativo de alargamiento de mi fe hace unos años cuando un párroco amigo me invitó a ir con él a una misión de sanación en Brasil. Gary, que ahora tiene un ministerio de sanación mundial, es el autor de Open My Eyes, Lord (Abre mis ojos, Señor)[5]. Cuando lo conocí, era párroco en una iglesia local y enseñaba en la misma escuela de ministerios que yo. Yo sabía que era un hombre honrado y sobrio. Después de regresar de Brasil la primera vez, contó una historia tras otra de sanaciones milagrosas: sordos que recibían el don de oír; ciegos que recibían el don de la vista; mudos que de pronto podían hablar; hombres y mujeres discapacitados que saltaban y caminaban, y personas sin esperanza que se llenaban de esperanza. Si no lo hubiera conocido tan bien, no habría creído lo que me estaba diciendo.

Pero el entusiasmo de Gary era contagioso. Mi espíritu se alegraba al escuchar sus testimonios. Las historias sonaban como a estar sacadas directamente de los evangelios. Y, por la gracia de Dios, inmediatamente supe que todo era verdad. Pero creer las historias no exigía una gran expansión de la fe por mi parte. Eso no ocurriría hasta cuando yo aceptara la invitación de Gary de acompañarle en su siguiente misión a Brasil.

He llegado a darme cuenta de que nuestra fe se hace real solamente cuando se pone a prueba valientemente. Como dijo el papa Francisco: "Una oración que pide una acción extraordinaria debe ser una oración que implica todo nuestro ser, como si nuestra propia vida dependiera de ella. En la oración, te tienes que poner a prueba"[6]. Una de mis ilustraciones favoritas de esto es la historia de un caminante en la cuerda floja que pasó las cataratas del Niágara empujando una carretilla. Después de que caminó por primera vez, le preguntó a la gente cuántos creían que lo podía hacer otra vez. Casi todos levantaron la mano. Impresionado por su fe, señaló a un joven y le dijo: "Vale, súbete a la carretilla y yo te empujaré".

Yo era como el joven que se "subió" después del tercer viaje de Gary. Me había estado contando todo sobre los milagros que había contemplado después de los dos primeros viajes. Después de su tercer viaje, me invitó a subirme a la carretilla. Supe que no era Gary, sino Jesús el que me invitaba a salir de mí en fe. Mi director espiritual confirmó que estaba llamado a ir. Seis meses más tarde me encontraba en Londrina, Brasil, sirviendo con un equipo de setenta cristianos de todo el mundo, que representaban el Cuerpo de Cristo de todas las naciones. Nuestro equipo físicamente representaba a Jesús, el médico de cuerpos y almas, dador de vida, al pueblo sufriente de Londrina[7].

Durante mis primeros dos días en Brasil, tuve oportunidades de orar con personas que necesitaban sanación interior, algo que había estado haciendo durante años. De los cientos de personas que necesitaban oración, me llevaron a orar por dos mujeres, que habían sido víctimas de abusos sexuales cuando eran niñas. En su desesperación e impotencia, el año anterior habían intentado suicidarse. Mi corazón se conmovió con compasión por ellas y deseaba hacer todo lo que pudiera para aliviar su intenso sufrimiento. Pero me preocupaba la limitación de tiempo.

Creyendo que Jesús sanaría a estas mujeres de sus heridas por abuso sexual no era mucho estiramiento de fe para mí. Había contemplado muchas sanaciones así anteriormente. El verdadero estiramiento es que teníamos muy poco tiempo para hacer ministerio con cada una de las mujeres. El tiempo además se frenaba más por la necesidad de un intérprete. Mi experiencia normal es que las heridas de abuso sexual a menudo tomaban meses, o incluso años en sanar. Aquí, en Brasil, no teníamos meses, ni siquiera horas. Me parecía ridículo que tuviéramos menos de treinta minutos para orar con cada mujer. Yo todavía estaba pensando como terapista y me preguntaba a mí mismo si siquiera era ético empezar a orar con ellas, dada la limitación de tiempo y sin oportunidad de seguimiento.

Pero, en la oración, nuestro pequeño equipo de hombres y mujeres sintió que el Espíritu Santo nos estaba dando luz verde para seguir adelante. Entregué mis dudas y preocupaciones y luego contemplé admirado cómo Jesús sanaba y consolaba a estas sus preciosas hijas. Lo que normalmente toma meses y años estaba ocurriendo ante mis ojos en minutos. Este milagro de sanación ocurrió dos veces en un mismo día, como si Jesús necesitara enfatizar que de verdad era capaz de hacer esto más de una vez.

Al darnos el don de la sabiduría sobrenatural para discernir las raíces del problema, el Espíritu Santo nos movió como si fuéramos hábiles cirujanos extirpando memorias cancerosas. Jesús rápidamente restauró el núcleo de identidad de estas mujeres como amadas hijas del Padre. Milagrosamente, estaban libres de la desesperación suicida y experimentaban una esperanza que nunca habían vivido. Mientras orábamos, sintieron la liberación del trauma que habían cargado toda su vida, así como de la vergüenza que las había paralizado desde la infancia.

Como se pueden imaginar, casi no podíamos creer tal alegría y estábamos llenos de gratitud de todo corazón hacia Dios. Las mujeres anteriormente deprimidas y con inclinaciones suicidas irradiaban ahora una belleza y alegría que queda imborrable en mi recuerdo. Al día siguiente, ambas mujeres salieron a saludarnos junto con sus esposos; estaban radiantes. Con gozo compartido, unimos las manos y juntos dimos gracias a Dios por el don milagroso que nos había concedido a cada uno de nosotros. Mi poco vocabulario en portugués era inadecuado para expresar la profundidad de la gratitud que sentía hacia nuestro Sanador Compasivo. Gracias a Dios, sus rostros radiantes revelaban la gloria de Dios y decían todo lo que había que decir.

Después de dos días de experiencias similares, mi corazón estaba rebosante. Podría haber regresado a casa contento, pero sentía que había algo más que aprender y que la gente tenía gran necesidad de más sanación. Mientras oraba, sentí el impulso del Espíritu Santo a aceptar otro desafío de fe. Esa tarde, una joven china de nuestro equipo se sentó a mi lado en el bus.

Hablamos sobre el desafío de hacer ministerio con las necesidades más profundas de las vidas de las personas. Cada vez que dábamos un paso adelante en fe para orar, estábamos asumiendo un gran riesgo, no sólo para nosotros, sino especialmente para aquellos con quienes estábamos orando. Como no hay garantías de que se escuche nuestra oración en el modo en que lo deseamos, no queremos hacer más daño que bien. ¿Qué ganaríamos si suscitamos sus esperanzas y luego los dejamos desilusionados? Compartí mi falta de fe en orar por ciertos milagros de sanación física. Ella comprendió totalmente y compartió su testimonio anterior en ese mismo día.

Reconociendo su propia falta de fe y sus temores, ella hizo esta sencilla oración a Jesús: "Yo sé que no puedo sanar a nadie. Solamente tú tienes el poder de sanar. Reconozco mi dependencia de ti. Oro por quienes tú me pides que ore y te dejo los resultados a ti". Sus ojos se iluminaban con asombro al compartir los acontecimientos que habían ocurrido horas después de su oración. Tuvo oportunidades de orar por varias personas que necesitaban milagros de sanación física. Todos aquellos por los que oró fueron curados en ese día. Parecía demasiado bueno para ser cierto, pero me acordé del evangelio de Mateo en el que Jesús curó a multitudes:

> Jesús recorría todas las ciudades y los pueblos, enseñando en sus sinagogas y proclamando la Buena Noticia del Reino y curando todas las enfermedades y dolencias. Al ver a la multitud, tuvo compasión, porque estaban fatigados y abatidos, como ovejas que no tienen pastor. (Mt 9:35–36)

Jesús sintió compasión por la gente y curó toda enfermedad y dolencia. Si eso fue verdad en Galilea, ¿era posible que todavía deseara hacer lo mismo aquí en Londrina, Brasil? Admirado por la historia de esta mujer, me sentí inspirado a seguir su ejemplo de fe. Así que, con temor y temblor, pero aprendiendo de mi hermana en Cristo china, me abandoné a Jesús e imité su sencilla oración: "Jesús, creo que me trajiste aquí a enseñarme, a aumentar mi fe, a permitirme a servir a tus hijos queridos. Guíame. Yo sé tú eres el Sanador. Fuera de ti, no puedo hacer nada (Jn 15;5). *Me entrego totalmente a ti; hágase tu voluntad*".

Al día siguiente fui inmediatamente probado en lo que había pedido la noche anterior, al tener oportunidades de orar con cuatro personas distintas en ese día. Una estaba casi ciega. Otra no podía hablar. Otras dos tenían problemas con sus hombros. En todos los casos, las aflicciones eran evidentes, y se podrían verificar inmediatamente si se sanaban. Pero también sabríamos inmediatamente si no pasaba nada. Recordando mi oración, di un paso al frente en fe, confiando en la presencia vivificante de Jesús y no en mi propia capacidad de sanar a nadie. Fue un momento de extrema pobreza espiritual y fe ciega. Uno por uno, el intérprete y yo oramos por cada una de las personas. Maravillosamente, todos fueron completamente sanados. De nuevo, me conmoví con el conocimiento de la cercanía del Señor y su bondad y compasión amorosa por sus ovejas perdidas y heridas.

Durante el resto de mis ocho días en Brasil, contemplé muchos milagros más. Se hizo tan "normal" que entendí lo que quería decir Francis MacNutt después de orar con personas de todo el mundo: "Los resultados de la oración han sido extraordinarios—tanto así que lo que un día me habría dejado atónito, ahora lo tomo como caso hecho. Lo extraordinario se ha convertido en ordinario. Y ese es el modo en que pienso que debe ser el ministerio de sanación: una parte ordinaria y normal de la vida cristiana"[8].

TOMA UN MOMENTO

- ¿Puedes recordar una experiencia en que lo extraordinario se convirtió en ordinario? ¿Cómo respondiste?

- Piensa un momento en que diste un paso adelante en fe y confiaste en Jesús. ¿Cómo confirmó tu fe? ¿Qué ocurrió?

Me preguntaba que pasaría cuando regresara a casa, donde nada parecía normal en absoluto. Mi primer domingo de regreso a mi parroquia, el Padre tenía un regalo especial esperándome. El evangelio de Mateo confirmó todo lo que yo había vivido en Brasil. En él, Juan Bautista, aún en prisión, enviaba un mensajero a Jesús preguntándole: "¿Eres tú el que ha de venir?". Jesús responde citando la profecía mesiánica de Isaías: "Vayan a contar a Juan lo que han visto y oído: los ciegos ven, los paralíticos caminan. . . los sordos oyen" (Lc 7:20, 22). Yo había escuchado ese pasaje del evangelio docenas de veces en el pasado. Pero por primera vez lo escuché de verdad. Sentí una descarga eléctrica en mi espina dorsal. Sabía sin ningún lugar a dudas que Dios estaba validando mi experiencia en Brasil. Estas eran las mismas cosas que yo vi y escuché: los ciegos veían, los sordos oían, los paralíticos caminaban.

El mismo Sanador Compasivo todavía desea traer a todos sus hijos a la plenitud. Me quedé admirado, dándome cuenta de que me había elegido para compartir este ministerio transformador de la vida. De pronto, me di cuenta: esta experiencia no era sólo para Brasil. El Padre me estaba pidiendo que llevara a los Estados Unidos lo que había aprendido. Me di cuenta de que tenía que pedirle a nuestro párroco empezar un servicio de sanación mensual en nuestra parroquia. El padre Mike no sólo estuvo de acuerdo en apoyarlo, sino que ha estado sirviendo ahí fielmente desde entonces. Nuestra parroquia se llama Iglesia Católica Buen Pastor, y para mí, y para muchos de sus feligreses, el padre Mike representa bellamente el amor compasivo del Buen Pastor, siempre saliendo a buscar a sus ovejas perdidas y heridas.

Nuestros servicios mensuales de sanación continúan diez años más tarde. Son muy sencillos, normalmente con un pequeño equipo de ministros que sirven amorosamente a quienes acuden para la oración. El Sanador Compasivo siempre está presente. Pueden imaginar nuestra alegría cuando un niño con severos problemas de vista fue sanado en nuestra segunda reunión. Muchos otros han recibido sanación de diversas enfermedades, desde cáncer hasta depresiones. No todos han recibido una sanación instantánea y milagrosa, pero todos han sido tocados por el corazón compasivo de Jesús de alguna manera especial.

Una de las situaciones más desafiantes y desgarradoras tenía relación con un joven que había quedado cuadrapléjico después de un trágico accidente de automóvil. Él era el conductor y uno de sus mejores amigos murió. Como se pueden imaginar, el espíritu del joven quedó paralizado por la aplastante vergüenza y culpabilidad que llevó encima día a día desde el accidente. Un grupo de nosotros, incluyendo a su tía, una mujer de profunda fe, oramos por él y por su madre esa noche. Sólo vimos una ligera mejoría en su cuerpo, ya que una de sus manos empezó a recobrar sensaciones nerviosas. Fue suficiente, sin embargo, para edificar su fe y hacerle saber que Jesús estaba verdaderamente presente y obrando. Esto se convirtió en el catalizador para que él recibiera una importante sanación psicológica y espiritual. Al liberarse de su culpabilidad paralizante y su dolor por el accidente, su depresión y pensamientos suicidas dieron paso a la alegría. La sanación también se extendió a su madre, que sintió que se levantaban las cargas emocionales que había estado llevando oír s su hijo. Madre e hijo salieron esa noche con rostros radiantes. Sería la última vez que viera al joven. Unos cuantos años más tarde, me enteré de que había fallecido en un accidente en la casa. No había sido sanado físicamente por nuestra oración, pero su sanación había sido mucho mayor. Se había encontrado con Jesús y a través de eso había redescubierto su verdadera identidad en comunión con el Hijo Amado.

CAPÍTULO CUATRO

EL HIJO AMADO

No somos la suma de nuestras debilidades o fallas; somos la suma del amor del Padre por nosotros y nuestra verdadera capacidad de convertirnos en imagen de su Hijo.

Juan Pablo II
Jornada Mundial de la Juventud, 2002

¿Cómo te percibes a ti mismo? ¿Te ves como la suma de tus debilidades y fallas, o como la imagen del hijo amado? ¿Crees que eres valorado y profundamente digno de amor, o intrínsecamente falto de valor y fácil de descartar? ¿Es tu identidad fundamental la de un santo o la de un pecador? No te apresures a responder a estas preguntas. Puedes creer una cosa basado en el modo en que te han enseñado, pero de otra manera muy distinta en el modo en que verdaderamente te ves a ti mismo en lo más profundo de tu corazón. Y esto no es cosa de poca importancia. Lo que crees sobre ti mismo en tu corazón se convierte en tu identidad, lo cual a su vez conforma toda tu vida.

Ante el Padre, que es infinitamente santo, todos somos pecadores necesitados de su misericordia (Lc 18:13). Pero a los ojos de san Pablo y de la Iglesia, los bautizados son llamados santos (con minúsculas) y amados hijos en Cristo (Rom 1:7; Col 1;2; CIC, 1272). Todo esto puede resultar algo confuso, ¿no? La Iglesia enseña que cuando nos revestimos de Cristo en el Bautismo (Gal 3:27), recibimos una nueva

59

identidad en Cristo (CIC, 1265). Lo viejo ha desaparecido y lo nuevo ha tomado su lugar. Por tanto, ¿por qué nos aferramos a nuestras antiguas identidades, basadas en las acusaciones del Maligno? Podemos creer que somos elegidos y redimidos, pero nuestras vidas a menudo niegan ese hecho. Escucha la voz autorizada de la Iglesia de nuevo: "No obstante, en el bautizado permanecen ciertas consecuencias temporales del pecado, como los sufrimientos, la enfermedad, la muerte o las fragilidades inherentes a la vida como las debilidades de carácter, etc.", (CIC, 1264). Nos sentimos confundidos porque estamos viviendo desde dos identidades en contraposición: somos hijos amados del Padre, pero todavía nos encontramos batallando con las debilidades de carácter y las consecuencias del pecado que permanecen con nosotros incluso después del Bautismo.

Jesús no tiene tales conflictos internos o contaminación del alma. Su identidad está clara y sin confusión. Por toda la eternidad él es el Amado Hijo del Padre, en comunión con el Espíritu Santo (CIC, 221).

El misterio de la Trinidad y la eterna identidad de Jesús como Hijo, está evidentemente fuera de nuestra capacidad de comprenderlo con nuestra razón. Pero, como con cualquier misterio de fe, estamos llamados a contemplar y penetrar en él con cada vez mayores grados de iluminación del Espíritu Santo. A veces las imágenes que reflejan las palabras de la Escritura son de gran ayuda en este proceso. Con ese fin en mente, a menudo empleamos un instrumento de enseñanza en nuestras conferencias que se llama "esculpir lo humano"[1].

Durante esta demostración, se elige a tres voluntarios para representar a la Trinidad: uno para ser el Padre, uno para ser el Hijo y el tercero para representar al Espíritu Santo. Aseguro a los voluntarios que no tienen por qué preocuparse de ofrecer una imagen adecuada—eso es totalmente imposible. Simplemente les pido que confíen en que el Espíritu Santo los guíe en el proceso y los dirija para asumir una postura en relación a los otros, revelando una imagen de santa comunión entre el Padre, el Hijo y el Espíritu Santo. ¿Puedes pensar en cómo reflejarías esta imagen del misterio más profundo de amor del Padre si fueras uno de los voluntarios? ¿A qué miembro de la Trinidad te gustaría representar? ¿Cómo te reflejarías a ti mismo en relación con los otros dos?

A menudo me conmueven las distintas bellas demostraciones, ya que son tan diversas como los participantes. En una ocasión, la persona que hacía de Padre abrió sus brazos al Hijo amado, que respondió con un estrecho abrazo y no lo dejó durante varios minutos; a su vez, el Padre abrazó al Hijo con gran afecto. Mientras se abrazaban, el Espíritu Santo empezó a danzar a su alrededor alegremente. En otra ocasión, la persona que hacía de Hijo amado se arrodilló ante el Padre (ver Ef 3:14), mientras que la persona representando al Padre se acercó y puso su mano sobre la cabeza del Hijo, bendiciéndole; el Espíritu Santo extendió un brazo hacia cada uno, conectando al Padre y al Hijo en un lazo de amor.

Con lo bonitas y conmovedoras que son esas imágenes, aun son inadecuadas para expresar la gloria de Jesús como Hijo amado. Revelan la impresión de los artistas y escultores, que están limitados en su fe y vida de oración. Tenemos cuidado de no representar "imágenes en vano" de Dios (Ex 20:4) y comprobamos estas expresiones creativas a la luz de la verdad revelada en la Escritura. Por eso comenzar con las imágenes reveladas en la Escritura puede ser de más confianza.

Una de las imágenes más bellas de Jesús como Hijo amado viene del evangelio de Lucas, cuando Jesús entra en el río Jordán para ser bautizado por Juan Bautista. Permite que tu corazón se adentre, escuchando al Padre bendecir al Hijo desde el cielo, y luego imagínate cómo el Espíritu Santo desciende sobre el Hijo amado.

> Todo el pueblo se hacía bautizar, y también fue bautizado Jesús. Y mientras estaba orando, se abrió el cielo y el

Espíritu Santo descendió sobre él en forma corporal, como una paloma. Se oyó entonces una voz del cielo: "Tú eres mi Hijo muy querido, en quien tengo puesta toda mi predilección". (Lc 3:21–22)

¿Te puedes imaginar a ti mismo a la orilla del Jordán, viendo cómo se desarrolla la escena? Date cuenta de que antes de que Jesús logre algo, el Padre expresa un amor y deleite incondicional en su Hijo. La aprobación del Padre no se basa en la actuación de Jesús. Más bien, él se deleita en Jesús por quién *es él*. Quienes han tenido hijos y nietos se pueden identificar, en cierta medida, con el amor incondicional del Padre por su hijo. Cuando yo miro a mis hijas, nietos e hijos espirituales, mi corazón a menudo se inflama de amor. Me deleito en cada uno de ellos y los valoro por lo que son, individual y singularmente. Aunque disfruto viendo sus logros, no es la base de mi amor por ellos. ¡Cuánto más el Padre se deleita gratuitamente en su Hijo amado! ¿Puedes empezar a comprender el amor del Padre por Jesús? Yo puedo casi ver y escuchar al padre mirando desde el cielo y diciendo a quien escuche: "Este es mi Hijo en quien me complazco. Él trae gran alegría a mi corazón".

Nuestra fe nos enseña que en el Bautismo fuimos unidos con Jesús como Hijo amado. Esto es demasiado difícil de entender para nosotros, pero el Espíritu Santo nos invita a contemplar este misterio. No hace mucho fui observador cuando Neal Lozano invitó a un grupo de seminaristas a entrar en la escena del Bautismo de Jesús en oración, como modo de dejar clara la realidad de que nos unimos a Jesús en nuestro Bautismo[2]. ¿Están dispuestos a tratar de hacer esto ahora juntos?

- Imagínate a ti mismo, con los ojos del corazón, a la orilla del río con Jesús.

- Imagínate cómo te sientes cuando te lleva al agua con él.

- Ahora, al ascender desde el agua, date cuenta del milagro que ha ocurrido: Jesús está en ti y tú estás en él.

- Esto quiere decir que las palabras del Padre son para ti: "Este es mi hijo (o hija) amado en quien me deleito". ¿Cómo te sientes cuando el Padre dice esas palabras para ti?

- Cuando el Espíritu Santo desciende sobre ti, te unge con sabiduría, conocimiento, fe y muchos dones, incluyendo los dones de sanación (1 Cor 12:8–10). Llena tu espíritu con amor, alegría, paz, bondad y las demás manifestaciones de su presencia.

- Ahora estás unido a Jesús.

- Te animo a hacer una pausa y dejar que esta experiencia se haga real en la oración. Date cuenta de que fue durante la oración, después de su Bautismo, cuando Jesús pudo ver el cielo abierto. Todos nosotros, desde nuestro Bautismo, tenemos un tipo parecido de acceso al cielo a través de la oración. ¿Recuerdas las experiencias de san Pablo y san Juan de ver realidades celestiales? (Ver 2 Cor 12:1–5; Ap 1:9–20). Nosotros podemos hacer lo mismo.

Padre celestial, te rogamos que hables a nuestros corazones y nos concedas saber que, en Jesús, somos tus hijos amados en los que te complaces. Reaviva la llama del don del Espíritu Santo que has puesto dentro de nosotros, llenándonos de tu amor, alegría y fortaleza y apartando nuestro temor (1 Tm 1:6–7). Te lo pedimos en unión con tu Hijo amado, Jesús. Amén.

Cuando te identificaste con Jesús en su Bautismo, ¿creíste que el Padre se deleita en ti con el mismo placer que siente cuando mira a Jesús? Yo no tengo ningún problema en creer que el Padre se deleita en Jesús. ¿Por qué no hacerlo? Jesús es perfecto. Hace todo lo que el Padre le pide. Es Dios. Pero cuando se trata de mirarme a mí mismo como hijo amado del Padre, ya no tengo tanta confianza. Soy limitado; no hago todo lo que el Padre me pide. Estoy muy lejos de ser perfecto, a pesar de disimular a veces que lo soy. ¿Te identificas? ¿Ves ahora lo rápidamente que nos referimos a nuestros actos con vergüenza, en lugar de confiar en la relación de alianza que tenemos con el Padre por medio de nuestro Bautismo?

Hay mucho en nosotros que dudan si el Padre de verdad nos ama y se deleita en nosotros. No importa cuántas veces leemos pasajes de la Escritura que nos aseguran que el Padre nos ama con todo el amor que tiene por Jesús (cf. Jn 15–17), todavía nos resulta difícil dejarlo penetrar. Mi experiencia del amor del Padre en la capilla en el fin de semana de CRSI cambió mi vida para siempre. Sentí como si fuera a explotar de alegría. Pero incluso ahora, muchos días, encuentro difícil creer que el Padre de verdad se deleite en mí. Una y otra vez, necesito recordar estas realidades y agradezco que el Padre desee recordármelas a menudo.

Recientemente, un miembro de nuestro equipo de oración me envió esto de la homilía del papa Francisco en la fiesta del Sagrado Corazón de Jesús: "El Padre nos ama tiernamente. . . no nos ama con palabras. Se acerca. . . y nos entrega su amor con ternura". Sigue reconociendo la lucha que enfrentamos para recibir su amor: "Esto es verdaderamente muy difícil: dejarnos amar por Él"[3]. Al escuchar las luchas de fe de muchas personas durante muchos años, me doy cuenta de que no estoy solo en encontrar difícil el recibir el amor de Dios. ¡Caemos tan fácilmente en ese viejo "Dios como capataz", el que yo pensé que había abandonado totalmente en la capilla durante CRSI!

Nuestra naturaleza caída quiere continuamente llevarnos de regreso a "un espíritu de esclavitud para recaer en el temor". Al hacerlo, negamos la realidad de que como hijos amados, hemos recibido "el espíritu de adopción" por el que podemos llamar a Dios Abba (Papá) (Rom 8:15).

¿De quién eres hijo?

Cuando recibimos un "espíritu de adopción" en nuestro Bautismo, se nos prometieron los tesoros inagotables del depósito del Padre. Jesús dijo lo único que hay que hacer es pedirlo, porque el Padre se complace en darnos buenos dones (Lc 11:13). Cuando confiamos en él, podemos llevar nuestros deseos y quebranto al Padre y dejarnos hacer vulnerables para recibir la sanación que necesitamos en nuestras vidas. En cambio, cuando no creemos que somos los amados del Padre, permanecemos atados a "un espíritu de esclavitud" que nace del temor.

Cuando no creemos que somos los amados del Padre, permanecemos atados a "un espíritu de esclavitud" que nace del temor.

En lugar de vivir en la libertad de la comunión con Jesús, pasamos nuestros días bajo la constante opresión del pecado y la ley.

Nos hacemos como uno o ambos hijos de la parábola de Jesús del hijo pródigo (Lc 15:11–32). O bien acabamos como el hijo mayor, que trata una y otra vez de ganarse el amor del Padre, y mira con desprecio a su hermano, o acabamos como el menor, que deja de tratar de complacer al Padre y se envuelve en una vida de pecado. La mayoría de nosotros comienza su camino de sanación identificándose más con un hijo o el otro. ¿Con cuál de los dos "hijos" te identificas más? ¿Eres como el hijo fiel, que trata de complacer a su Padre siendo lo suficientemente bueno como para lograr su aprobación? ¿O eres más como el hijo rebelde, que opta en cambio por evadirse con cualquier cosa que medique tu dolor? De cualquier modo, el tratar de buscar la vida fuera del Padre nos deja en la miseria y actuando como huérfanos que tenemos que mendigar por nuestro alimento espiritual[4]. No tenemos a dónde ir con nuestro dolor y necesidades insatisfechas. Sin una identidad firme como hijos amados, acabamos viviendo vidas de perfeccionismo moral tratando de agradar a Dios (como yo) o de abandono y búsqueda del placer (como mi hermano Dave).

En su brillante reflexión sobre la historia del hijo pródigo, Henri Nouwen descubrió elementos de ambos hijos en sí mismo y nos invita a hacer lo mismo[5]. Cuando se abren nuestros ojos a enfrentar nuestra pobreza, nos hacemos conscientes nosotros también de que nos podemos identificar con ambos hijos. Tienen mucho en común. Ambos estaban ciegos al amor incondicional del Padre para recibirlos. Ninguno de los dos se da cuenta de que el Padre está esperando con los brazos abiertos a recibirlos. Ambos tratan de resolver su dolor fuera del Padre. Uno (el hermano mayor) cubre su herida con la actuación y esconde sus pecados; el otro alivia su dolor con adicciones. Tanto si somos los "rebeldes" o los "guardianes de las reglas" no podemos sacudir los tentáculos del pecado y la vergüenza.

¿Reconoces alguna de estas convicciones de identidad en tu vida: Soy… malo, estúpido, gordo, feo, perezoso, desagradable, inadecuado, o sucio?

Los hijos e hijas rebeldes son más conscientes de su vergüenza, encontrando más fácil identificarse con los fallos, debilidades, o los mensajes que vienen de su autoimagen herida. ¿Reconoces algunas de estas convicciones de identidad en tu vida: Soy. . . malo, estúpido, gordo, feo, perezoso, poco digno de amor, desagradable, inadecuado, o sucio? La lista sigue. Incluso si esas etiquetas específicas no nos encajan personalmente, cada uno de nosotros tiene su propia letanía de acusaciones de autosabotaje. Los que son más como el hijo pródigo rebelde pueden exhibir su auto-desprecio externamente, metiéndose en todo tipo de conductas autodestructivas. Al vestirse de vergüenza, los hijos e hijas rebeldes cubren su orgullo más profundo tras una máscara de odio por sí mismos.

Quienes nos identificamos más con el hijo mayor, cubrimos nuestra vergüenza con el orgullo de nuestros logros y alabanzas[6]. Encontramos nuestra identidad en nuestro sentido de corrección y autosuficiencia. Aunque nuestros corazones heridos son iguales que los de nuestros compañeros que se odian a sí mismos, ponemos una cara respetable ante el mundo de nuestro alrededor. Incluso nuestras prácticas religiosas pueden ser parte de nuestra falsa fachada. En el fondo, como le gusta decir a John Eldredge, todos somos "posantes" de un modo u otro[7]. Mientras negamos la gloria de Dios en nosotros, optamos en cambio por una baratija falsa, la vanagloria. Y, sin embargo, esto es lo último que nos reconoceríamos a nosotros mismos o a cualquier otra persona.

Bajo todas nuestras máscaras y evasiones, ambos hijos permanecen controlados por un temor servil a Dios, llevándolos a escapar y esconderse de Dios el "capataz". Tanto si externamente lo despreciamos o más respetuosamente anestesiamos nuestros corazones esforzándonos constantemente por complacerle, seguimos estando separados de él.

Jesús contó esta historia del hijo pródigo y parábolas similares (ver Lc 15:1–3) no sólo para revelar el amor del Padre, sino también para dejar al descubierto el orgullo religioso de los fariseos y otros líderes, mostrándoles que los pecadores avergonzados y los recaudadores de impuestos estaban yendo a él primero. Date cuenta de su reacción. Querían matarle en lugar de enfrentarse a su propia limitación y su necesidad de un salvador. Optaron por el control en lugar de la vulnerabilidad y así permanecieron cegados por su orgullo. En lugar de verse a sí mismos como revelación de la gloria del Padre en el Hijo amado, escogieron la vanagloria.

Para que no nos precipitemos en juzgarlos, tenemos que examinar los modos en que somos susceptibles de caer en una trampa parecida. Cuando examino mi vida, particularmente antes de los encuentros sanadores con Jesús cuando estaba en los treinta años, me reconozco en el síndrome del hermano mayor; yo cubría mi pecado y quebrantamiento detrás de todos mis logros. Trataba de ganarme el amor del Padre. Estas palabras del diácono Jim Keating, que enseña en el Instituto de Formación Sacerdotal, describirían bien mi situación durante muchos años: "Si no recibe su identidad (como hijo amado) y llega a saborearla y contemplarla, el hombre tomará decisiones que reflejan la búsqueda del amor del Padre, en lugar de tomar decisiones a la luz de ese amor"[8].

Antes de llegar a conocer mi identidad en Jesús como hijo amado, yo estaba constantemente esforzándome por ser lo suficientemente bueno para el Padre, pero nunca sentía que llegaba a dar la talla. Recuerda la blasfemia que dije en mi corazón: "¿Qué demonios hay de bueno en Dios?". Eso surgió de creer la mentira de que tenía que cumplir los estandares de Dios antes de ser digno de amor. Aunque hijo de Dios, estaba todavía viviendo bajo la ley y no dando la talla (ver Santiago 2:10). Cuando no llegaba a dar la talla, el enemigo entonces me acusaba de mis fracasos. Las heridas de mi abandono y rechazo estaban todas ahí mezcladas también. Y, para empeorar las cosas, estaba (y todavía lo estoy hasta cierto punto) proyectando mis estandares en otros, juzgando y rechazándolos inconscientemente por no alcanzar la medida. La película *Good Will Hunting* me ayudó a verlo más claro, pero sólo la gracia de Dios puede llevarme a una libertad completa de estos lazos de autosuficiencia.

A través de todo esto, seguí estando ciego por mi orgullo, mientras ocultaba mi limitación tras diversos talentos y logros. Adopté diversas identidades basadas en mi actuación: Bob el buen estudiante, el magnífico atleta, el hermano mayor responsable, el cristiano. Reprimía todo lo que no era coherente con esta imagen, incluyendo mi corazón roto y mi conducta desviada. Cuando más tarde logré un doctorado, añadí más capas de aislamiento, convirtiéndome en el buen maestro y el sabio terapista, y todavía sin enfrentarme lo más íntimo de mi corazón de manera honesta. Era más fácil enseñar a otros y ayudarlos a enfrentar su quebranto que lo que era enfrentar el mío propio.

Una persona construida de esta manera se va desarrollando a lo largo de toda una vida, pero puedo recordar el día concreto en que empezó a tomar control de mi vida de manera sustancial. El momento definitivo ocurrió al final del octavo grado, cuatro meses después de la marcha de papá. Estábamos todavía viviendo en nuestra casa de Bethel Park, Pennsylvania. De la noche a la mañana me di cuenta de que parecía y me sentía más como un hombre. Mi cuerpo recién desarrollado muscularmente era muy distinto del flaco chico poco afirmado que era un año antes. Es más, ahora era el hombre de la casa, ayudando a cuidar de mis hermanos y hermanas pequeños y creyendo que podría consolar a mi mamá, que tenía el corazón roto.

El acontecimiento que afianzó esto fue bastante insignificante, aunque el efecto fue sustancial. Mientras bajaba sin pensar las escaleras del sótano que llevaban a mi cuarto, escuché a mi mamá hablando por teléfono con una de sus mejores amigas. Las palabras de mamá, expresadas con exuberancia y orgullo, me llamaron la atención: "Mi hijo Bob consiguió entrar en los equipos de estrella en tres deportes". Hasta el día de hoy, encuentro difícil describir mi reacción interna. Cuando trato de ponerme en aquella situación, mis emociones se encuentran extrañamente en conflicto. Por un lado, me sentí tan orgulloso como un pavo real. Habiendo sido coronado públicamente como gran atleta, ahora era una persona digna de ser adorada y glorificada. Por otro lado, me sentí asqueado, sabiendo que algo de esto no sólo era idólatra, sino que estaba equivocado.

Frente a toda la vergüenza y devastación de nuestra familia, éste era uno de muchos pequeños intentos (aunque eran falsos) de restaurar el orgullo de nuestra familia. Aunque durante el siguiente año todavía luché internamente, no tardaría mucho en reprimir el resto de mi vergüenza y herida, escondiéndola tras esta imagen de ser la "estrella". Perdiendo de vista mi verdadera identidad como hijo amado del Padre, y no queriendo enfrentarme a los sentimientos de rechazo y abandono de mi padre terrenal, escogí el camino más fácil. Dejé de dar culto a Dios en medio de mi quebranto y vanamente me di culto a mí mismo. Cambié la gloria de Dios por la vanagloria.

La vanagloria, una debilidad de nuestra naturaleza caída, crece más fuerte cuando nos negamos a enfrentar nuestra limitación. Es un esfuerzo fútil de encontrar la vida en y a través de nosotros mismos. La vanagloria trae la muerte a nuestros corazones, cegando nuestros ojos a la verdad. Nos damos un culto idólatra a nosotros mismos y evitamos la intimidad con el Padre.

La gloria de Dios es lo opuesto a la vanagloria. Como dice el famoso dicho de san Ireneo: "la gloria de Dios es el hombre plenamente vivo". Solamente cuando estamos plenamente vivos en Cristo somos capaces de contemplar nuestra dignidad como hijos amados del Padre. El papa Juan Pablo II comprendió bien esta realidad y proclamó audazmente el mensaje a todo el mundo a través de los años en que pastoreó a la Iglesia universal. Empezamos este capítulo con su cita de la Jornada Mundial de la Juventud en Toronto: "Somos la suma del amor del Padre por nosotros y nuestra capacidad real de convertirnos en la imagen de su Hijo". No somos la suma de nuestras debilidades y fallas. Ni somos la suma de nuestros logros y éxitos o de nuestras prácticas religiosas. No; somos mucho más que esas cosas. Somos los hijos amados del Padre (1 Jn 2:7; 3:1).

Intimidad con Jesús

La intimidad con Jesús, el Hijo amado, nos lleva a un conocimiento cada vez mayor de nosotros mismos como los amados del Padre. "Jesucristo revela plenamente al hombre a sí mismo. . . y deja claro su llamada suprema"[9]. Jesús es la "estrella" verdadera de la raza humana. Tú y yo estamos creados para reflejar su gloria (2 Cor 3:18). Jesús es la única persona digna de toda nuestra adulación. Y, sin embargo, toda su vida estuvo marcada por la humildad, no la vanagloria. Vino a la tierra como un bebé, creció en una familia y sufrió las pruebas y tribulaciones de la vida y la muerte que son parte intrínseca de este mundo roto. No huyó de la limitación, sino que, en humildad, tomó enteramente nuestro quebranto con la mayor vulnerabilidad posible.

Y aquí está el asunto: para estar plenamente conformados a la imagen del Hijo amado, debemos humillarnos a nosotros mismos y seguir las huellas de Jesús todo el camino hasta la Cruz y la Resurrección. Tenemos que morir para vivir. ¿No es este el núcleo del mensaje del Evangelio? San Pablo enfatiza esto una y otra vez en su predicación: "No quise saber nada fuera de Jesucristo, y Jesucristo crucificado" (1 Cor 2:2).

> *Para estar plenamente conformados a la imagen del Hijo amado, debemos humillarnos a nosotros mismos y seguir las huellas de Jesús todo el camino hasta la Cruz y la Resurrección.*

Jesús rompió a llorar lamentando todas las falsas presentaciones del Evangelio que convertían a su audiencia en "enemigos de la cruz de Cristo" cuya "gloria está en sus vergüenzas y cuyas mentes están ocupadas en cosas terrenas" (Fil 3:18–19). Me estremezco al ver lo enemigo que he sido de la Cruz toda mi vida, al estar más preocupado por las cosas terrenas y mi supervivencia mientras evitaba la Cruz, que es el único camino de Dios a la verdadera sanación y salvación.

El camino a la Cruz empieza en el Bautismo, que en sí mismo es un símbolo y realidad de muerte y resurrección (Rom 5:3–4). Jesús, caminando sobre las aguas del Jordán, empezó sus primeros pasos en el camino del Calvario. Jesús vivió plenamente su identidad como "Hijo amado" todo el camino hasta la cruz, complaciendo profundamente al Padre en este modo. En *Jesús de Nazaret*, el papa Benedicto XVI afirma: "El Bautismo es la aceptación de la muerte por los pecados de la humanidad, y la voz que dice 'Este es mi Hijo amado' sobre las aguas bautismales en una referencia de anticipación a la Resurrección"[10].

No sé ustedes, pero yo he vivido la mayor parte de mi vida con miedo de la Cruz, escapando de ella en lugar de abrazarla. No me gusta sufrir, y tampoco me gusta dejar que nadie me diga cómo vivir. Quiero ser mi propio jefe. El problema con "hacerlo a mi manera" como cantaba Frank Sinatra hace muchos años, es que me hace enemigo de la Cruz de Cristo. Incluso si reconozco esto, me duele. Escapar del sufrimiento nunca me ha llevado a una vida de resurrección. La buena noticia es que el Espíritu Santo siempre encuentra un modo de traspasar mis temores y defensas. Una vez más, utilizó una película de Hollywood, *What about Bob?* (¿Qué hay de Bob?). ¿Te sorprende que me impacte otra película sobre un terapista y consejero? Es bastante gracioso y predecible, ¿no?

Esta vez, me identifiqué inmediatamente con la personalidad del terapista, el doctor Leo Marvin, que interpretaba Richard Dreyfuss. En la escena inicial, aprendemos que su libro éxito de ventas ha sido publicado recientemente y que está tomando unas merecidas vacaciones con su familia. Nada más hay un problema: no se puede escapar de su paciente Bob, que es interpretado por el divertido Bill Murray. Bob adora a Marvin y no puede vivir sin él. Su insana dependencia le lleva a seguir al doctor Marvin y su familia a las vacaciones.

Incapaz de escapar de Bob, el doctor Marvin llega a detestar a este hombre vulnerable al que una vez se ofreció a ayudar. Después de muchos intentos de liberarse de la omnipresencia de Bob, el doctor Marvin pierde la compostura y desarrolla un plan para matarlo. Compra suficiente dinamita como para volar una ciudad, y ata a Bob en el bosque y enciende el fusible. Bob, que ya era un hombre asustadizo, está aterrorizado. Pero, al borde de la muerte, recuerda las lecciones del libro del doctor Marvin Baby Steps y se aterroriza. Pasito a pasito, encuentra el modo de liberarse antes de que estalle la dinamita.

Cuando Bob finalmente sale del bosque, es un hombre libre. Sin las ataduras del miedo a la muerte (Heb 2:15), es capaz de amar por primera vez en su vida. Totalmente sanado de sus neurosis miedosas, revela la gloria de Dios: "un hombre plenamente vivo". Al final, está mucho más agradecido y endeudado con el doctor Marvin por salvarle, lo cual irrita a Leo todavía más. Como muchos de nosotros en profesiones de asistencia, el doctor Marvin tenía más conocimiento que libertad. A pesar de toda su experiencia clínica, su paciente Bob acaba siendo quien conoce la realidad de la sanación. Como resultado, el doctor Marvin odia a Bob, así como los fariseos detestaban a Jesús por poner al descubierto su hipocresía. Mientras tanto, la familia del doctor Marvin acoge plenamente al agradable y libre Bob, tanto que Bob por último se casa con la hermana de Marvin. Cuando Bob más tarde se convierte en psicólogo él mismo, escribe un libro que es éxito de venta, como lo hizo su mentor. Quizá adivines el título: *Death Therapy* (Terapia de muerte). Para mayor halor, Bob dedicó su libro al doctor Leo Marvin.

Con toda su locura, y probablemente por la inocencia del personaje de Bob, el Espíritu Santo me habló fuertemente a través de esta película. Aunque había empezado la película identificándome con Marvin, acabé por redescubrir al Bob que se hace como niño en mí. Era como si a través de toda la película, el Padre me estuviera preguntando: ¿Qué hay de Bob? ¿Qué hay de ese niño agradable y a veces miedoso al que arrinconaste detrás de tu personaje de terapista?

¿Recuerdas cómo tomé el papel de "terapista familiar" siendo adolescente, cubriendo mis temores e inseguridades? Tomar toda esa responsabilidad y esconderme tras mi ego y mis logros no sólo me agotó, sino que también desconectó mi corazón de Dios. Perdí de vista al simpático Bob que es mi yo real. No sorprende que mi familia me compró una camiseta con las letras ¿Qué hay de Bob? para la fiesta de mi cumpleaños cincuenta. Ellos también quieren al verdadero niño que soy, como la familia de Leo Marvin se sintió más atraída por Bob que por Marvin.

Ahora me doy cuenta de que el camino de la Cruz—la "terapia de muerte" de Jesús—es el único modo de liberarse de la idolatría a uno mismo y del temor subyacente que me ha mantenido atado a mis identidades falsas, para que pueda vivir mi verdadera identidad como hijo amado. Esto es verdad para cada uno de nosotros a nuestra propia manera. Cada uno de nosotros ha desarrollado una falsa identidad para cubrir su propia limitación.

TOMA UN MOMENTO

Toma un momento para considerar cómo podrías haber escondido y enterrado tu verdadero ser.

- ¿Eres como el hijo pródigo, identificando con tus propios fallos y debilidades?
- ¿O encuentras tu identidad en tus logros, como el hijo mayor?
- Toma un momento para escribir las "falsas identidades" en tu vida.
- ¿Qué temores e inseguridades están escondidas tras esas identidades falsas?
- Descríbete como niño sin problemas y seguro. ¿Cómo eras? Si no puedes recordar, ¿cómo sería para ti ahora ser como un niño, seguro en el amor del Padre?

Jesús vino a "proclamar la libertad a los cautivos" (Lc 4:18) y a mostrarnos cómo vivir desde nuestra verdadera identidad como hijos amados. La terapia de muerte de Jesús es el único modo de lograr esto. Nuestro falso *yo* debe ser crucificado son él, para que nuestra verdadera identidad como sus amados pueda resplandecer en gloria. Este es nuestro camino de sanación, que requiere valor y humildad para enfrentarnos a nuestro quebranto.

SEGUNDA PARTE

ENFRENTAR NUESTRO QUEBRANTO

El Demonio podría tratar de usar las heridas de la vida y a veces nuestros propios errores para hacernos sentir que es imposible creer que Jesús de verdad nos ame.

Santa Madre Teresa de Calcuta,
Carta a la familia de Misioneras de la Caridad

CAPÍTULO CINCO

LA PERSPECTIVA DE LA PERSONA ÍNTEGRA

Quienquiera que desee sanar a un hombre, lo debe ver en su totalidad, y debe saber que su sanación definitiva solo puede ser el amor de Dios.

Papa Benedicto XVI
Jesús de Nazaret

En los últimos años, al ver a Dios hacer cosas asombrosas en las vidas de muchas personas, empecé a esperar que todas las personas con las que yo oraba serían sanadas. Luego, me enfrenté a situaciones aparentemente desesperadas en las que las personas habían intentado todo y no encontraban alivio. Tres de esas personas habían sufrido una depresión debilitante durante muchos años. Sus vidas habían sido un infierno y sus familias han pagado un precio muy alto, a muchos niveles. Antes de mis interacciones con cada uno de ellos, estas personas habían estado hospitalizadas durante largos períodos de tiempo y habían recibido intensos tratamientos de parte de prestigioso personal médico. Sus tratamientos incluían muchos tipos de medicinas antidepresivas, terapias de última moda, y, cuando no funcionaba nada, múltiples tratamientos de descargas eléctricas para destruir células del cerebro. Cuando escuchaba por todo lo que habían pasado, se me rompía el corazón por ellos y por sus familias.

No tengo razón para dudar de la calidad de los cuidados que recibieron estas personas ni de la competencia de sus cuidadores. Fueron a los mejores hospitales y se les dio el mejor cuidado que podían ofrecer tales instituciones. Me atrevería a decir que muchos de esos cuidadores tenían más experiencia y entrenamiento en el diagnóstico y tratamiento de la depresión que yo. Pero la formación, en una visión científica tradicional, a veces puede cegar a personas buenas y atentas e incapacitarlas para facilitar una sanación verdadera y duradera. La ciencia, por su propia naturaleza, analiza y disecciona todo en partes. Dentro de ese marco, se define a las personas por sus síntomas y por las partes de su cuerpo o alma que no están funcionando adecuadamente.

En la mayoría de los ambientes médicos y psicológicos, las personas no se consideran en su totalidad, sino que más bien son identificadas por su diagnóstico. Aunque alguien podría argumentar que los diagnósticos científicos tienen un papel importante en el tratamiento, yo respondería que también pueden ser problemáticos, porque amplifican el síntoma y a menudo niegan la enfermedad subyacente. Con demasiada frecuencia, los diagnósticos psicológicos se deslizan hacia las identidades personales, pero borran nuestra verdadera identidad como amados hijos del Padre. ¿Cuántas veces has escuchado la frase: "es bipolar", o "es un narcisista" como si el diagnóstico definiera a la persona? Tales etiquetas rara vez suscitan nuestra compasión y más a menudo nos llevan a temer y juzgar a la persona y a distanciarnos de ella. Al menos, esa ha sido mi experiencia.

Este es solo uno de muchos problemas en la visión científica. Como la gran mayoría de los médicos, enfermeros, psicólogos y terapistas hemos sido formados en este enfoque mecanicista, tenemos una tendencia a tratar los síntomas en lugar de a la persona. Como resultado, a menudo se nos enseña a aliviar los síntomas, sin atender a las causas de fondo. Hay evidentes excepciones en esta regla y estas excepciones parecen ir en aumento; pero en general, al escuchar las historias de personas que han sufrido por muchos años, mi corazón se rompe por todos los modos en que se han pasado por alto sus heridas más profundas. Esto no es un caso de enfoques de superioridad. Es un asunto de recuperar nuestra visión cristiana y católica en nuestro enfoque de la sanación.

¿Sabes lo que quiere decir la palabra católico? Según el *Catecismo de la Iglesia Católica*, literalmente significa "según la totalidad" o, "de acuerdo con el todo" (CIC, 830). La teología católica ve toda la realidad, incluyendo todo lo que ha sido quebrantado y fragmentado por el pecado, dentro de una realidad más amplia de "integridad". De manera parecida, la palabra cristiana significa "perteneciente a Cristo" o "seguidor de Cristo". Como seguidores de Cristo, afirmamos creer que él es nuestro médico, "el médico de nuestras almas y cuerpos" (CIC, 1509).

Al unir estas dos definiciones, conseguimos una visión cristiana católica de la sanación y la integridad: Jesucristo vino a restaurar todas las cosas que se habían quebrado por los azotes del pecado. Promete restaurar totalmente todas las cosas a su plenitud originaria. Su redención trae sanación para toda la persona, toda la familia, toda la Iglesia, todo el mundo e incluso, como nos asegura san Pablo, todo el universo (ver Rom 8:18–25; Ef 4:1–6).

De nuevo quiero enfatizar que no estoy desacreditando a la ciencia, la medicina o la psicología. Tienen su lugar en el mundo de la sanación. Pero, como cultura, nos hemos acomodado a ver la realidad desde una perspectiva materialista. Al no permitir que nos informe el Evangelio, esta visión científica y profesional es limitada y distorsionada. La ciencia se puede apoyar en el conocimiento de la fe, pero no la puede reemplazar sin graves consecuencias[1]. Nuestra fe católica, centrada en la persona de Jesucristo, proporciona una perspectiva singular que trae esperanza y nos permite ver todas las limitaciones a la luz de la visión de Dios de la plenitud.

En la práctica, la mayoría de nosotros enfocamos nuestra propia sanación como si fuéramos ateos secularistas. Nos ha influido tanto la ciencia, que nos vemos a nosotros mismos y a nuestros males desde una perspectiva "fragmentada". Actuamos como si nuestros síntomas fueran el problema y buscamos el modo más rápido y fácil de aliviar nuestro sufrimiento. Al final, nos preguntamos por qué no recibimos la sanación que esperábamos.

¿Cuántas personas conoces a las que se le han recetado medicamentos para un síntoma que sólo causaron tres síntomas más y requirieron más medicina? Podemos reírnos del concepto, pero la verdad es que no es muy gracioso para quienes están sufriendo los efectos secundarios. Esto es un tema muy serio en el cuidado inspirado por los síntomas y lleva a una reflexión sobre los problemas mayores de nuestro mundo. Nos hemos convertido en el hombre ciego examinando un elefante. No vemos a todo el elefante, pero nos hacemos expertos en describir las partes.

Demos un paso atrás por un minuto y miremos a la imagen más amplia. ¿Qué crees que estaba en la mente de Dios cuando creó a los seres humanos? ¿Cuál era nuestra condición antes de que el pecado entrara en el mundo (Gén 1—3)? Estas son las preguntas que inspiraron al papa Juan Pablo II como filósofo y teólogo. Sus escritos revelan una profunda intuición sobre la dignidad de nuestra humanidad: el Padre nos creó para compartir la comunión íntima de amor que él goza con el Hijo y el Espíritu Santo[2]. Dicho simplemente, fuimos creados por amor y para el amor. El amor es el origen y el destino de nuestras vidas. "Nuestras vidas no tienen sentido sin amor"[3].

Al principio de la creación, nos informa el papa Juan Pablo II, todo existía en comunión y armonía, en sumisión al Padre[4]. No había sufrimiento, ni enfermedad, ni dolencias ni muerte. No había conflictos, guerras, odio, o asesinato. No teníamos ninguna dolencia psicológica o espiritual. El amor de Dios lo mantenía todo unido. En comunión con el Dios Uno y Trino, unos con otros y con la naturaleza, nuestros espíritus estaban en armonía con Dios Espíritu Santo, quien a su vez nos mantenía plenamente integrados en cuerpo, alma y espíritu. No teníamos que enfrentarnos a la lucha interior diaria entre el "espíritu" y la "carne" (Rom 8:5). Todo era uno, integrado y entero, y funcionando según el designio de Dios para nuestra vida.

Pero cuando el pecado entró en el mundo, todo se destrozó; lo que había estado unificado se convirtió en fragmentado, y ese proceso de desintegración ha seguido hasta nuestros días. Como aprendí en física en la secundaria, fuera de la gracia, el universo entero ahora tiende al desorden. Las áreas originalmente destinadas a la comunión son ahora la causa de nuestro mayor sufrimiento. Todos sentimos el dolor de la separación de Dios, unos con otros y, más agudamente, dentro de nosotros.

El *Catecismo de la Iglesia Católica* resume esos efectos del pecado original muy claramente:

> La armonía en la que se encontraban, establecida gracias a la justicia original, queda destruida; el dominio de las facultades espirituales del alma sobre el cuerpo se quiebra; la unión entre el hombre y la mujer es sometida a tensiones; sus relaciones estarán marcadas por el deseo y el dominio. La armonía con la creación se rompe; la creación visible se hace para el hombre extraña y hostil. (CIC, 400)

En este breve resumen de las consecuencias del pecado en el mundo, podemos ver las raíces profundas de todas nuestras dolencias. La raíz primaria de nuestro sufrimiento y enfermedad es la separación de Dios, que resulta en la fragmentación de nuestros cuerpos y almas, y se manifiesta así en relaciones rotas con otras personas y con la naturaleza. Esta es la causa definitiva de nuestra angustia diaria. Pero todos podemos dar un suspiro de alivio colectivo, porque la historia no termina con el pecado y la fragmentación.

Jesús vino a redimir y restaurar todo lo que está fragmentado y separado en y alrededor de nosotros, a conducir todo de vuelta a la totalidad que Dios pensó desde el principio. La redención de Cristo restaura lo que está roto y lo lleva progresivamente de regreso a la unidad. Por eso dice el papa Benedicto XVI que "la sanación es todo el contenido de nuestra redención cuando se entiende a un nivel suficientemente profundo"[5]. Puedes preguntarte, como yo, a qué se refiere ese "nivel suficientemente profundo". Al haber reflexionado sobre esto, creo que comprende cinco partes principales que se han roto por el pecado original y que por tanto tienen necesidad de sanación[6]:

1. Relación entre nosotros y Dios (espiritual)
2. Relación entre nosotros y los demás (relacional)
3. Relación dentro de nosotros: alma y espíritu (psicológica)
4. Integración dentro de nosotros: alma y cuerpo (física)
5. Relación entre nosotros y la naturaleza (ecológica)

¿Puedes pensar en alguna enfermedad, dolencia o daño psicológico que no esté arraigada en una o más de estas relaciones principales que definen nuestras vidas? Y, sin embargo, no son realmente cinco áreas distintas; todas están interconectadas íntimamente, y son parte de un todo mayor. El problema con nuestro mundo moderno, y especialmente con nuestros enfoques científicos a la sanación, es que, con demasiada frecuencia, los vemos separados. Acudimos a párrocos, sacerdotes y rabinos para la sanación espiritual; a terapistas matrimoniales y familiares y a trabajadores sociales para la sanación psicológica; a doctores en medicina y fisioterapistas para la sanación física; y a expertos en medio ambiente y a nutricionistas para la sanación ecológica.

E, incluso dentro de esas divisiones, hacemos más compartimentos. Por ejemplo, piensa en todas las especialidades médicas: urología, ginecología, endocrinología. . . y la lista sigue. ¿Puedes ver el problema? No es que tengamos todas estas especialidades. Los campos de especialización son de gran beneficio en tanto en cuanto los que están en las áreas de especialización entienden cómo todo se encaja. Unos cuantos cursos de anatomía o un curso de psicología no son suficientes. Acabamos por ofrecer simplemente un alivio de síntomas que, en último término, sólo acarreará más y más síntomas distintos.

Para ser instrumentos de sanación para los demás, así como para encontrar nuestra propia sanación, tenemos que ver todo el cuadro de nuestra humanidad a la luz de la divinidad de Dios. Esto es lo que quiere decir san Pablo sobre la unidad del cuerpo: "Así como el cuerpo es uno aunque tiene muchas partes. . ." (1 Cor 12:12–13a, 20). San Pablo, al considerar nuestros cuerpos humanos, así como el Cuerpo de Cristo, ofrece una perspectiva auténticamente cristiana católica.

Quizá te estés preguntando qué pasó con cada una de las personas que mencioné anteriormente que estaban sufriendo de depresiones debilitantes. Bueno: la respuesta más rápida es que están todos creciendo en esperanza y están implicados en el proceso de sanación, aunque sus caminos de sanación han sido muy distintos. Uno tuvo un momento de giro significativo y continúa sanando; otro está en un proceso largo y progresivo una sanación, mientras que el tercero sólo está comenzando el proceso de identificar los temas subyacentes a su depresión. Pero, en cada caso, cuando pasan de un "síntoma" a enfocarse en una perspectiva de "toda la persona" empiezan a experimentar una esperanza auténtica. Como la falta de esperanza es a menudo el motor de la depresión, esto es muy significativo.

Incluso si cada uno de ellos estaba siendo tratado de maneras parecidas en sus ambientes hospitalarios respectivos, los temas raíz eran distintos. La primera mujer descubrió que su depresión estaba arraigada en un dolor de abandono que no había llorado lo suficiente porque la habían entregado en adopción cuando era bebé. Cuando el Espíritu Santo le reveló esto, fue capaz de soltar el trauma que había estado cargando toda su vida. Espontánea e inmediatamente fue sanada de sus síntomas de depresión y fue capaz de recibir el amor de Dios en lo más profundo de su corazón por primera vez. Pero, lo que es más, también fue curada instantáneamente de fibromialgia, una condición dolorosa de los músculos, articulaciones, tendones y todo lo demás, que resulta en fatiga crónica, que la había afectado durante muchos años.

Lo que fue incluso más sorprendente para nosotros fue la sanación de una enfermedad física "sin posible tratamiento" de su hijo, en el momento exacto en que ella se estaba liberando de sus síntomas, aunque él estaba en una ciudad distinta en aquel momento. Él no había logrado encontrar alivio para su problema hasta entonces. Ahora, trata de explicar la sanación de ambos con ciencia médica. El Médico Divino conocía la fuente de la depresión de la madre y también sabía cómo los temas físicos, psicológicos y generacionales estaban conectados. Sólo Él sabía lo que necesitaba esta mujer, así como su hijo, que misteriosamente llevaba en su cuerpo y su alma el dolor de su madre. Sí, ya sé, para muchos de nosotros esto es difícil de creer. Pero es verdad.

Hablé con la segunda mujer por teléfono, desde su cama de hospital. Estaba cerca de cumplir un año en el hospital con poca mejoría aparente. Su esposo se pasaba la mayor parte del día sentado al lado de su cama. A los pocos minutos de oración y escucha, nos dimos cuenta de que su depresión había comenzado cuando sus hijos dejaron el hogar. Cuando nos detuvimos a orar juntos sobre los temas raíces más profundos, el Espíritu Santo inmediatamente llamó su atención a la muerte de su madre, cuando esta mujer era una niña de unos diez años. Finalmente, el saber la causa de su depresión fue de mucho alivio para ella, aunque no estaba preparada para enfrentar su dolor. El descubrir la causa de su depresión, la animó bastante, así como a su esposo y familia. Con este recién adquirido conocimiento, de nuevo tenía esperanza. Estaba empezando a brillar una luz en la oscuridad de su desesperación; después de la batalla de todo un año con medicamentos, terapias eléctricas y días interminables de hospitalización, tenía un fin a la vista.

Una de las situaciones más tristes era la referente a un hombre que había estado crónicamente deprimido durante cuarenta años. Sus padres se habían suicidado cuando él apenas tenía veinte años, dejándolo en la lucha diaria por su propia vida. Había probado todo lo que el sistema de cuidado de salud podía ofrecerle. Poseedor de un amplio conocimiento de medicina, investigó las mejores soluciones, pero no encontró mucho más que un alivio temporal. A pesar de todas sus luchas, Jesús siguió sosteniendo a este hombre en fe y finalmente le llevó a un centro hospitalario cristiano que se centraba en las raíces espirituales de las enfermedades físicas y mentales. Durante la semana que pasó ahí, este hombre se encontró con muchas capas de falta de perdón hacia sí mismo, sus padres, y su esposa. Para el final de la semana, su depresión se levantó bastante después de que pudo perdonar a sus padres y a su esposa. Pero su auto-aborrecimiento era lo más difícil de manejar para él.

Desde que regresó a casa, todavía está trabajando en ese tema y procurando no caer de nuevo en sus antiguas formas de pensar. En la oración, ha llegado a descubrir una raíz más profunda de su depresión y aborrecimiento propio. Cuando tenía dos años, su padre le pego una bofetada en un ataque de rabia. Todavía sigue trabajando para una sanación completa de esta fuente subyacente de su dolor, aunque permanece bien guardada. Hasta la fecha no ha podido tener acceso al trauma contenido en esos recuerdos tempranos. La mayoría de los días quiere vivir en lugar de morir. Todavía no está donde quiere estar, pero está en mejor estado de mente de lo que estaba antes.

Aunque estos tres casos parecen muy diferentes, de hecho, tienen mucho en común. Después de años de buscar las respuestas, los tres recibieron sanación, o la esperanza de sanación, cuando se enfrentaron a las raíces profundas de su quebranto. Se parecían mucho a la mujer en el evangelio que había sufrido sin alivio durante doce años y "gastó todo su dinero en doctores y nadie la podía curar" (Lc 8:43). Como ella, cada uno de estos sufrientes encontró su esperanza y sanación a través del encuentro con Jesús.

Hay otros parecidos entre estos tres pacientes también. Hasta ahora, habían sido tratado sintomáticamente, pero su sanación y esperanza más profunda vino cuando se confrontó la causa subyacente a su depresión. En cada uno de los casos, la sanación tocó simultáneamente temas raíz psicológicos, relacionales y espirituales que se manifestaban en síntomas físicos, confirmando la opinión de la Iglesia de que "el espíritu y la materia en el hombre no son dos naturalezas, sino más bien su unión forma una única naturaleza" (CIC, 365).

TOMA UN MOMENTO

Haz una pausa por un momento para considerar la naturaleza de las dolencias con las que cargas.

- ¿Hay algún área donde has sufrido sin alivio? ¿A dónde acudiste buscando ayuda?

- ¿Tienes alguna intuición sobre dónde puede estar arraigada esta dolencia en fuentes físicas, psicológicas, espirituales, de medio ambiente, o relacionales?

- Pide al Espíritu Santo que te muestre más sobre esas raíces.

La ciencia está lentamente comenzando a entender y sustanciar lo que la Iglesia ha sabido durante siglos. Muchos expertos hoy día están de acuerdo en que entre 90 y 95 por ciento de todas las enfermedades están relacionadas con el estrés[7]. Cualquier área en que nuestros cuerpos y almas no están viviendo en comunión con el Espíritu de Dios es un área de enfermedad, lo cual nos causa estrés, es decir, no estar en paz con nosotros mismos.

Las raíces podrían estar en el fondo de nuestra niñez, como en el caso de la mujer que fue traumatizada como bebé por la adopción; o pueden ir incluso más profundo a generaciones de la familia, como el hombre cuyos padres se suicidaron. Definitivamente, para todos nosotros, las raíces de nuestras dolencias van incluso más atrás, a la caída de la humanidad. Al vivir en este mundo caído, todos tenemos áreas en las que a nuestras vidas les falta el amor, la alegría y la paz. Nacidos en una cultura que se resiste a amor y a la verdad de Dios, estamos abocados a la enfermedad y a la desintegración.

Con un interés renovado en las raíces espirituales y psicológicas de las enfermedades, muchos profesionales de la salud y quienes están en las ciencias de la psicología están adoptando enfoques holísticos y funcionales al tratamiento. Estos enfoques han estado cerca muchos años, pero hasta recientemente, se consideraban alternativos y poco científicos. Ahora cada vez son más comunes y la ciencia y la práctica están reivindicando su mayor eficacia. Desgraciadamente muchos de estos enfoques holísticos a la sanación no tienen suficiente alcance. Muchos están basados en espiritualidades alternativas que niegan la realidad o la divinidad de Jesucristo; al final, esto lleva a incluso mayor desintegración. Al negar a Jesús, el médico de nuestras almas y cuerpos, ignoran la propia fuente de nuestra sanación.

Hace años, me trató una masajista licenciada muy bondadosa y con mucho talento, pero de quien más tarde descubrí que funcionaba desde una perspectiva panteísta. Creía ella que Dios y el universo eran sinónimos y que Jesús era sólo uno entre muchos hombres sabios. Como entendía la conexión entre cuerpo, alma y espíritu, era capaz de facilitar una cierta sanación para sus pacientes. A lo largo del tiempo, me dio muchos libros a leer y, en su mayor parte, contenían verdades coherentes con la fe cristiana y mi experiencia como terapeuta. Sin embargo, al seguir leyendo algunos de esos libros, empecé a sentir que una oscuridad espiritual descendía sobre mí. Aunque contenían información útil sobre la salud y la integración de cuerpo y alma, la espiritualidad subyacente era terriblemente engañosa.

Sin darme cuenta, estaba siendo conducido a un culto falso. Bajo el disfraz de una visión panteísta, se me estaba animando sutilmente a descansar en mí mismo en lugar de en Dios, lo cual aumentó aún más mi orgullo y vanagloria. Claramente no era cristiano, y al final tuvo consecuencias negativas en mi vida. ¿Recuerdas el sentimiento infernal que sentí esa noche de viernes de CRSU antes de mi poderoso encuentro con el Espíritu Santo a la noche siguiente? Todo empezó cuando renuncié a las influencias espirituales demoníacas de esos libros.

Después de eso, aunque valoraba a mi masajista como persona, sentía que necesitaba encontrar a un cristiano que pudiera incorporar la oración de sanación con la confianza en Jesucristo. Desde entonces, sólo he acudido a terapistas y doctores que incorporan la oración de sanación en su tratamiento. Mi doctor, dentista, quiropráctico y masajista son personas que incorporan la oración en su vida y su práctica. Espiritualmente, ha marcado una enorme diferencia en mi vida.

Como cristianos, tenemos que restaurar los cuidados de salud a su origen propio. Esto es apropiado, ya que la Iglesia siempre ha estado involucrada en el cuidado de los enfermos y su restauración a la integridad. Esta es la conclusión del doctor Harold Koenig, fundador del Centro para el Estudio de la Religión/Espiritualidad y Salud en la Universidad Duke. Su extensa investigación sobre la interconexión entre la sanación espiritual y física le ha llevado a darse cuenta de que la Iglesia siempre ha estado involucrada en el cuidado de las necesidades de salud de la gente y ha aplicado la oración junto con la ciencia para lograr la restauración y sanación. Además de su extensa enseñanza y escritura, el doctor Koening es también médico que integra la oración de sanación en su práctica médica[8].

Hay tantos avances admirables en el campo de los cuidados y educación de salud, en que algunos profesionales de inspiración espiritual ven el panorama más amplio de cómo el cuerpo, alma y espíritu están integrados en un contexto de relaciones y ecología. Cualquier búsqueda casual en internet o en la librería revelará muchos y buenos recursos. Un ejemplo es la obra de J. Brennan Mullaney, un terapeuta católico que descubrí hace unos años. Su libro *Authentic Love* (Amor auténtico) ofrece una reinterpretación de las enfermedades físicas o psicológicas desde una perspectiva estrictamente cristiana. "La evasión, rechazo, o privación de amor es la fuente de todas las enfermedades funcionales (físicas, psicológicas y espirituales)"[9]. ¿Te das cuenta de lo radical que es esta afirmación en el mundo de los cuidados de salud? Atribuir todas nuestras preocupaciones de salud a una causa única, como la privación del amor, suena ridículamente simplista. Pero antes de pasar de ello demasiado rápidamente, considera aplicarlo a las tres personas que mencioné que sufrían de depresión debilitante. Sus problemas comenzaron por una pérdida traumática de amor, y las manifestaciones no fueron solamente psicológicas, sino también físicas.

Las intuiciones de Mullaney sobre la fuente de nuestra sanación son igualmente convincentes, resuenan en nuestra experiencia, y están validadas por la abundancia de investigación sobre la eficacia de diversas formas de psicoterapia. Esto es lo que él dice: "El amor sana. La sanación es parte integral del amor humano. Donde hay amor, la sanación ocurre constantemente"[10]. ¿No es eso lo que dice el papa Benedicto XVI en *Jesús de Nazaret*? "Quien quiera sanar a un hombre debe verlo en tu totalidad y debe saber que su sanación definitiva solo puede ser el amor de Dios"[11].

Fuimos creados para el amor. El amor nos permite crecer según el designio de Dios, en totalidad y salud. Sin amor, nos enfermamos y nos desintegramos cada vez más en cuerpo, alma y espíritu. Incluso nuestras experiencias del pasado de ser separados del amor pueden causarnos un gran estrés mental, emocional y físico y por último manifestarse en enfermedades de distintos tipos. ¿Ves cómo la opinión de Brennan Mullaney tiene mucho mérito? La privación de amor es la raíz de nuestra enfermedad—nos roba la paz y causa la desintegración. El amor, por otra parte, es la fuente de nuestra sanación y totalidad.

TOMA UN MOMENTO

Toma un momento para pensar cómo consideras a las personas y sus enfermedades.

- ¿Defines a las personas por sus limitaciones, juzgándolas por etiquetas que definen su conducta o síntomas, pero no los ven en su totalidad?
- ¿Crees que la enfermedad o disfuncionalidad son resultado de la privación del amor? ¿Por qué o por qué no?
- ¿Crees que el amor cura? Explica por qué o por qué no.

Siguiendo el ejemplo de Brennan Mullaney y otros como él, necesitamos que otros cristianos desarrollen antropologías y enfoques de tratamiento que sean fieles a la Escritura y la enseñanza de la Iglesia. Si pasamos más tiempo en oración y escuchamos, empezaremos a recibir la inspiración del cielo. Sé esto por experiencia. Cuando estuve en un retiro de ocho días en silencio, el Espíritu Santo inspiró un marco sencillo para mirar a nuestra totalidad en Cristo y cómo esta totalidad puede ser turbada por el pecado. Yo había estado buscando esta comprensión por años, pero nunca había podido encontrarla enteramente en toda mi formación en las ciencias sociales. Y, sin embargo, este modelo encajaba perfectamente con las mejores perspectivas disponibles en salud y plenitud[12]. Compartiré estos descubrimientos en el siguiente capítulo: "Un árbol y su fruto".

CAPÍTULO SEIS

UN ÁRBOL Y SU FRUTO

*El árbol de la ciencia del bien y del mal [es un] símbolo de
la alianza con Dios rota en el corazón del hombre.*

San Juan Pablo II
Hombre y mujer los creó

En el capítulo anterior observábamos que la verdadera sanación debe ir
más allá de tratar los síntomas, hasta llegar alcanzar a los temas de raíz
subyacentes. El padre Mark Toups, que enseña conmigo, a menudo
utiliza una ayuda visual para ilustrar este punto en nuestras vidas espirituales. Trae una manzana y un arbolito, para demostrar que nuestros
pecados individuales son síntomas de una enfermedad del alma más
profunda. (Pueden argumentar que las manzanas no crecen en árboles
pequeños, y eso sería verdad, pero imagínense lo difícil que sería traer
un árbol grande para esta ilustración).

El padre Mark propone a los alumnos interesados: "Imagínate que
esta manzana es tu pecado. Cada vez que te acercas al Sacramento de la
Reconciliación, traes más manzanas, representando los mismos pecados que confiesas una y otra vez. Esto es bueno, ya que estás recibiendo
la absolución y una conciencia limpia. Pero estos pecados son síntomas
de una enfermedad del alma más profunda (el árbol)". Animando a
que participen, el padre Mark pregunta: "¿Qué ocurre si piscas una
manzana de un árbol?". Los alumnos, todos a una, responden: "Que

93

crecen más". El padre Mark, que ahora los tiene donde quiere, sigue: "Así que, ¿cuántas manzanas tienes que quitar del árbol antes de que se acaben todas?". Los alumnos responden alegremente: "Todas".

Con el interés en ascenso, el padre Mark continúa: "¿Cuánto tiempo estarán las manzanas fuera?". Los alumnos responden: "Hasta que crezcan más". El padre Mark: "¿Cuántos de ustedes pueden identificarse con este problema cuando se trata de confesar sus pecados?". Se levantan la mayoría de las manos. El padre Mark, que tiene artes escénicas y un gran sentido del humor sigue: "¿Cómo nos libramos de estas manzanas para siempre?". La respuesta llega rápida: "Cortando el árbol". El padre Mark responde: "O mejor aún, arrancándolo de raíz". Ha habido veces, en más de una ocasión, en que, en este momento, ha arrancado el árbol de raíz. Cuando lo hace, el polvo y la tierra se esparcen por todas partes. Todos se ríen, menos el personal de limpieza y los cultivadores de árboles. Los alumnos entienden el punto. Por respeto por quienes luego tienen que limpiar, el padre Mark ahora usa árboles artificiales o, más a menudo, solamente manzanas.

La ilustración del árbol no es original del padre Mark o de nuestras conferencias. Simplemente sacamos de las imágenes de la Escritura y la doctrina de la Iglesia. A través de la Escritura, se usan árboles para ilustrar la vitalidad de nuestra vida espiritual, representando una u otra condición. El "árbol de la vida" es un símbolo de nuestra vida en unión con Cristo, mientras que el "árbol de la ciencia del bien y el mal" representa nuestra vida separada de Dios (Gén 2:9). Cuando estamos en comunión con Dios, vivimos nuestra verdadera identidad como sus hijos amados; cuando estamos separados de él en una autosuficiencia pagana, vivimos de una identidad falsa. No hay otras opciones. Exploremos ambos árboles en profundidad, comenzando por el árbol de la vida.

El árbol de la vida es un símbolo de nuestra comunión con Dios, una vida llena de virtud y de buen fruto espiritual (1 Pe 1:5–8; Gál

5:22–23). En las Escrituras, se nos introduce por primera vez a estas imágenes en las escenas iniciales del Génesis, donde Dios está en comunión con Adán y Eva en el Paraíso (Génesis 2:15–16). El Salmo 1 nos da la visión, pintando una imagen de quienes confían en Dios. Son "como un árbol plantado al borde de las aguas, que produce fruto a su debido tiempo" (Sal 1:3). Jeremías añade a la metáfora: "No se inquieta en un año de sequía y nunca deja de dar fruto" (Jer 17:8). E Isaías concluye: "Serán llamados encinas de justicia, plantación del Señor, para su gloria" (Is 61:3).

Siguiendo con este tema en el Nuevo Testamento, Jesús nos dice claramente que un buen árbol viene de buena semilla, plantada en buena tierra (Mt 13:24). Este árbol no "da frutos corruptos" (Lc 6:43), sino que da buenos frutos "frutos que permanecen" (ver Jn 15:1–16). Este fruto no es otro que el fruto del Espíritu: "amor, gozo, paz, paciencia, bondad, etcétera, (Gál 5:22–23). El simbolismo del árbol de la vida culmina en el libro del Apocalipsis cuando Juan describe la vida en la ciudad celestial: "Después el ángel me mostró un río de agua de vida, claro como el cristal, que brotaba del trono de Dios y del Cordero, en medio de la plaza de la Ciudad. A ambos lados del río había árboles de vida que fructificaban doce veces al año, una vez por mes, y sus hojas servían para curar a los pueblos" (Ap 22:1–2).

¿Ves la imagen? El árbol de la vida es una metáfora de nuestra comunión con Cristo. Esta relación duradera con Jesús es la fuente de nuestra sanación y da el fruto del Espíritu. El amor de Jesús es la mejor medicina para nuestros cuerpos, almas y espíritus. Todo esto se me hizo claro durante mi retiro en silencio de ocho días. Después de todo un día sintiendo la presencia del Espíritu Santo como un ardor en mi corazón, me desperté del sueño con tres palabras: *seguridad, madurez*, y *pureza*. Estas tres palabras demostraron ser un resumen de nuestra vida en el Espíritu.

Algún tiempo después, me sentí atraído por el libro de Efesios en la Biblia y me sorprendió ver cómo esas tres palabras formaban un guión de nuestra vida en Cristo como miembros de la familia de Dios. La seguridad es estar "arraigados y fundados en el amor" (Ef 3:17); la madurez es crecer en la imagen de Cristo, aumentando nuestra capacidad de amor (Ef 4:7–16) y la pureza es el fruto de ese amor (Ef 5:1–5).

La alternativa al árbol de la vida es "el árbol de la ciencia del bien y del mal" que, según el papa san Juan Pablo II representa la alianza del Dios "rota dentro del corazón humano"[1]. Cuando nuestros corazones se separan de Dios en una autosuficiencia pagana, nos llenamos de ansiedad e *inseguridad*, que resulta en falta de *madurez* y acarrea el mal fruto de la *impureza* (Gál 5:19–21). Jeremías describe este árbol muerto y estéril con unas imágenes fuertes: "¡Maldito el hombre que confía en el hombre, y busca su apoyo en la carne, mientras su corazón se aparta del Señor! Es como un matorral en la estepa que no ve llegar la felicidad; habita en la aridez del desierto, en una tierra salobre e inhóspita" (Jer 17:5–6).

La descripción de Jeremías me parece bastante exacta: ¿qué opinas? ¿Te has sentido alguna vez como si fueras un arbusto estéril en un desierto seco donde todo pareciera ser tierra baldía? Es lo que es nuestra vida cuando nuestras raíces están en nosotros mismos, a través de una autosuficiencia pagana. Jesús se apoya en esta descripción en el Sermón en el valle. "No hay árbol bueno que dé frutos malos, ni árbol malo que dé frutos buenos: cada árbol se conoce por su fruto. No se recogen higos de los espinos, ni se cosechan uvas de las zarzas" (Lc 6:43–44).

Jesús y Jeremías ponen en contraposición aquellos que confían en Dios y florecen, y los que no y se secan. Pero estas imágenes no son sólo sobre los redimidos y los irredentos. También se pueden aplicar a áreas específicas en cada una de nuestras vidas como seguidores de Cristo. Todos estamos implicados en una batalla interna diaria entre lo que san Pablo menciona como "carne" y "Espíritu" (Rom 8:5–7; Gál 5:16–26; CIC, 2516). La "carne" está arraigada en una autosuficiencia pagana (árbol de la ciencia), mientras que la vida en el Espíritu se refiere a nuestra vida en Cristo (árbol de la vida).

Todo pensamiento y acción en nuestra vida viene de uno de esos dos árboles invisibles. Lo que sembremos en nuestro pensamiento progresivamente se manifestará en nuestras emociones, costumbres y carácter (Gál 6:7–8). "Siembra un pensamiento, cosecha una acción, siembra una acción, cosecharás un hábito; siembra un hábito, cosecha un carácter; siembra un carácter y cosecharás un destino"[2]. Las pequeñas semillas se convierten en grandes árboles si no se arrancan de raíz. Todos llevamos en nosotros algunos arbustos estériles y árboles muertos en nuestro corazón.

Los tres cristianos que sufrían de depresión paralizante que mencionábamos en el capítulo anterior ilustran nuestro dilema común. Son cristianos que a cierto nivel creen en Jesús cuando dijo: "Vine para que todos tengan vida y la tengan en abundancia" (Jn 10:10). ¿Te puedes imaginar su desesperación y dudas sobre sí mismos preguntándose por qué no pueden encontrar esta vida abundante? ¿Te preguntas a veces dónde está la alegría en tu vida? Yo a veces sí.

Puedo atestiguar que cada una de estas personas sufrientes, en la medida en que son capaces, tiene una confianza auténtica en Jesús como su Redentor. Cada uno de ellos ora y da culto regularmente; y sin embargo, cada uno de ellos tiene áreas en su vida que se resisten a la gracia de Dios, debido en gran medida a sus heridas no curadas y a un pecado sin arrepentimiento. Al menos uno de ellos albergaba amargura y auto aborrecimiento, pero los tres habían sido profundamente heridos en la niñez y respondían al trauma cerrando sus corazones a Dios en áreas específicas de su vida. No lo hacían con mala intención o maliciosamente, sino como forma de supervivencia y autoprotección. Sin embargo, su capacidad de sentirse seguros y de dar y recibir amor quedó perjudicada.

Yo sé que, en mi propia vida, incluso los intentos aparentemente inocentes de auto preservación pueden rápidamente convertirse en una autosuficiencia impía. Me duele el corazón por cada uno de ellos con

Figura 6.1 El árbol de la vida: seguridad, madurez y pureza

PUREZA
El fruto del amor

MADUREZ
El crecimiento en
el amor

SEGURIDAD
Arraigado y fundado en el amor

una compasión verdadera, dándome una pequeña probadita de la compasión ilimitada de Jesús por ellos y por cada uno de nosotros en las áreas de nuestras dificultades. Pero, así como Jesús primero perdonó los pecados el paralítico antes de curarlo (Mc 2:1–12), tenemos que tener cuidado de no pasar por alto ciertas actitudes raíces del pecado por falsa compasión por la gente. Mi experiencia me dice que ese pecado no reconocido frecuentemente juega un papel en nuestras heridas no curadas y en las enfermedades del alma y el cuerpo. Esto no nos da permiso para juzgar la causa de la enfermedad de otro, como deja claro Jesús (Jn 9:2–3). Sólo Dios conoce lo más profundo de nuestro corazón y la causa total de nuestras dolencias.

El pecado tiene su origen en el "Padre de las mentiras" (Jn 8:44) y requiere nuestro consentimiento antes de arraigarse en nuestro corazón (CIC, 1853). Una vez que lo dejamos entrar, puede destruir en nosotros "lo que es esencialmente humano"[3]. Normalmente, nuestros pecados comienzan como tentaciones del Enemigo y luego pasan a nuestros pensamientos, palabras y acciones, manifestándose como síntomas de un corazón enfermo (Mc 7:21). Todos nosotros albergamos malos pensamientos en nuestros corazones, más a menudo de lo que nos gustaría admitir. Todas estas actitudes enfermizas—odio, murmuración, amargura, envidia, orgullo y miedo entre otras—pueden estar escondidas en nuestros corazones por largo tiempo. Pero al fin se manifiestan en nuestra vida de alguna manera, afectando a nuestra salud y bienestar. Cuando los pecados del corazón permanecen ocultos y sin tratamiento, al final se convierten en venenos mortíferos para nuestros cuerpos y almas.

Todos estamos inclinados a estas actitudes impías de raíz, incluso cuando estamos en ambientes llenos de gracia buscando a Dios. Nuestros labios hablan y nuestros corazones creen muchas cosas que no son como Jesús "que está lleno de gracia y de verdad" (Jn 1:14). Como ninguno de nosotros ha sido plenamente conformado a la imagen del Hijo, todos estamos sujetos a estas obras de la carne. Recuerda mis pensamientos durante la mañana del domingo de CRSI. Estaba cantando sobre la bondad del Señor, pero los pensamientos blasfemos surgían de lo más profundo de mi corazón. No me daba cuenta de que el pecado acechaba ahí en la oscuridad hasta que la fuerte presencia del Espíritu Santo lo sacó a la luz. Mis pensamientos blasfemos de hecho estaban revelando unas actitudes enfermizas de mi corazón que brotaban de los siete pecados capitales.

Los siete pecados capitales

Seguramente estás familiarizado con los siete pecados capitales, ya que tienen una larga historia en la doctrina de la Iglesia. La frase de hecho la acuñó el papa Gregorio Magno en el siglo VI (CIC, 1866). Pero las ideas son anteriores a él desde la cristiandad primitiva y antes de eso, desde el pueblo judío. Los padres del desierto jugaron un papel primordial en la articulación de estos pecados capitales en los siglos después de Cristo. Buscando ardientemente crecer en santidad y entender sus propios corazones, reflexionaron cuidadosamente sobre las Escrituras. Con el auxilio del Espíritu Santo, pasaron mucho tiempo y pensamiento aplicando lo que estaban aprendiendo a las áreas en las que estaban luchando contra el pecado. Con el tiempo, otras personas acudieron a ellos buscando guía espiritual. Se podría decir que son los primeros directores espirituales y terapistas cristianos[4].

Al prestar atención a las actitudes enfermizas dentro de sus corazones, que surgían una y otra vez, empezaron a ver modelos que parecían ser universales. Llamaron a estas actitudes enfermizas "pecados capitales" porque eran la fuente de otros pecados. La frase "pecados capitales" o mortales al fin se impuso porque describía el efecto nocivo de estas manifestaciones, familiares pero letales, del árbol de la ciencia del bien y el mal. Bajo todas estas actitudes enfermizas, reconocieron una única raíz: "un amor desordenado por uno mismo", al que llamaron vanagloria[5].

La vanagloria atraviesa todos los pecados capitales, que se manifiestan como formas concretas de idolatría. En la tabla 6.1. mira cómo los siete pecados capitales están enumerados por su nombre, junto con algunos de sus objetos concretos de culto falso. El problema no está en los propios objetos, sino en el lugar que tales objetos ocupan en nuestras vidas cuando nos apoyamos en ellos en lugar de en Dios. Siempre que cualquiera de esas "cosas buenas" se convierte en una sustitución de nuestra relación con Dios, pasa a ser un vicio en nuestras vidas[6].

A causa del pecado original, somos propensos a los siete pecados capitales. Pero en nuestras vidas típicamente nos "especializamos" en uno o dos de ellos, que subyacen a esas manzanas que llevamos a la confesión una y otra vez.

Tabla 6.1. Los siete pecados capitales y la idolatría

PECADO CAPITAL	OBJETO DE IDOLATRÍA
Soberbia	Los propios logros
Envidia	Status/posesiones/talentos
Gula	Comida/bebida/drogas
Lujuria	Sexo/relaciones/belleza
Ira	Poder/control/justicia
Avaricia	Riqueza/seguridad
Pereza	Comodidad/confort

Aunque reconozco todos los pecados capitales en mi vida, con el que más he batallado es con la soberbia. La soberbia es inherente a nuestra naturaleza caída, pero se manifiesta de manera singular en cada una de nuestras vidas como "una convicción excesiva en las propias habilidades que impide reconocer la gracia de Dios"[7]. La soberbia está animada por pensamientos blasfemos y a mí me ha motivado de muchas maneras a lo largo de mi vida. Fui consciente de ello cuando era adolescente, cuando se marchó papá y yo empecé a ocultar mi quebranto tras de diversos logros. Mi soberbia siempre puede haber parecido una sobreabundancia de confianza, pero de hecho sería como remedio para mis dudas constantes. Se convirtió en un modo de esconder mis sentimientos de vergüenza e ineptitud. Cuanto más inepto me sentía, más compensaba elevándome a mí mismo e idolatrándome en mis logros.

Cada uno de los pecados capitales esconde inseguridades más profundas en cada uno de nosotros. ¿Eres consciente de lo que estás escondiendo tras pecados capitales específicos? Si usas la ira para lograr poder y control, adivino que estás luchando con sentimientos de impotencia y temor. Si tu pecado capital es la avaricia, podría aventurar que tienes una gran inseguridad y usas la riqueza como modo de apuntalar tu seguridad y valor personal. Si la lujuria es el punto con el que más luchas, me imagino que usas el sexo o las imágenes sexuales para suavizar el dolor del rechazo o sentimientos de no ser deseable. Si la gula es tu pecado, la experiencia me dice que usas la comida, la bebida o las drogas para anestesiar tu dolor y llenar el vacío del abandono en tu vida. Si luchas con la pereza, probablemente has renunciado a intentarlo porque es demasiado difícil alcanzar las expectativas de los demás. Si es la envidia lo que te consume, te sugiero que te preguntes si tienes una inseguridad profunda sobre tu sentido de valor. ¿Estás acosado por la vergüenza? En lugar de enfrentarte a estos temas en tu corazón, podrías echar abajo a otros que tienen status o posesiones, como hizo Caín con Abel (Gén 4). En cada una de esas situaciones, los pecados capitales dan la ilusión de satisfacer necesidades insatisfechas, pero, de hecho, sólo nos bloquean de la gracia de Dios.

> *¿Eres consciente de lo que estás escondiendo tras pecados capitales específicos?*

Toma un momento para reflexionar sobre los pecados capitales en tu vida y las inseguridades que podrían estar cubriendo.

- ¿Puedes identificar el pecado capital específico que es más visible en tu vida?

- ¿Cuáles son los objetos de tu idolatría tras ese pecado?

- ¿Qué inseguridades estás ocultando bajo esos pecados e idolatrías?

Desde que fui consciente de mi soberbia, he estado luchando contra sus feroces lazos durante la mayor parte de mi vida adulta. Al principio pensaba ingenuamente que la podría superar con una sesión de dirección espiritual. Pensando esto, programé una sesión con la Hermana Emily, una religiosa de Wisconsin. Como me la habían recomendado mis amigos Jim y Lois fui con el corazón abierto y una actitud de confianza.

Tan pronto como me senté, la hermana Emily me preguntó en qué me quería enfocar. "La soberbia", respondí. Me preguntó: "Háblame sobre esto". Como ya me había preparado, le respondí rápidamente, "Desde que recuerdo, he estado luchando con este pecado de soberbia y, no importa cuánto lo intente, no me puedo librar de él". Con eso, ella empezó a sonreír, y casi rompe a reír. Pensando que se estaba riendo de mí, me puse a la defensiva. Pensé para mí mismo: "Aquí estoy abriéndote todo mi corazón y tú piensas que es gracioso. Esto es muy serio". He llegado a darme cuenta de que uno de los síntomas de mi soberbia es tomarme a mí mismo demasiado en serio. La hermana Emily no estaba siendo cruel o insensible, sino que estaba enseñándome a reírme de mí mismo. Replicó: "El tratar de librarte de tu soberbia es más soberbia". Ahora empecé a intranquilizarme mucho y le respondí exasperado: "Ves, te dije que no podía librarme de ella". Sonrió otra vez. Esta vez vi su compasión y bondad genuina cuando dijo: "No podemos resolver la soberbia por nosotros mismos. Se la tienes que ofrecer a Dios. Él es el único que puede librarte de ella". "¡Oh!, suspiré. Eso suena demasiado fácil". La hermana Emily me recordó la Escritura donde dijo Jesús: "Vengan a mí todos los que estén afligidos y agobiados y yo los aliviaré. . . Aprendan de mí, porque soy paciente y humilde de corazón" (Mt 11:28–29).

Mi hora con la hermana Emily me enseñó una importante lección: no podemos superar los pecados capitales por nosotros mismos. Tienen que ser traídos a la luz continuamente a través de nuestros encuentros con Jesús. La autosuficiencia nunca nos sana, ya que es el fundamento del árbol de la ciencia del bien y el mal, la propia fuente de nuestro quebrantamiento y pecado.

A veces estos pecados capitales permanecen ocultos en nuestras vidas, manifestándose de modos muy raros. Ese fue el caso de Ana, una dulce joven adolescente con la que oré la noche final en Brasil, junto con sus amigos y familia. Al mirar a Ana, nunca hubieras imaginado que el pecado capital de la ira estaba paralizándola—literal y figuradamente.

Descubrí, a través de mi intérprete, que su pie y cadera derecha se habían lesionado en un accidente de auto cuando tenía seis años. Debido al daño de su cadera, la pierna derecha de Ana era alrededor de ocho pulgadas más corta que la izquierda. Usaba una muleta que la libraba de tener que usar su pierna derecha lesionada.

Como habíamos contemplado muchos milagros de sanación esa noche, todos oramos con fe ferviente y gran esperanza. Durante los diez primeros minutos no vimos nada que indicase un progreso de sanación. Preocupado por esta falta de movimiento, me detuve y silenciosamente le pedí al Espíritu Santo que revelara los impedimentos que pudieran estar obstaculizando la sanación de Ana. Inmediatamente, escuché la pequeña voz del Espíritu Santo en mis pensamientos: falta de perdón.

Cuando le pregunté a Ana si había perdonado al hombre que la había atropellado, empezó a sollozar. Sacudió la cabeza y luego dijo algunas palabras en portugués que no entendí. El intérprete tradujo simplemente: "Dice que no, que no puede perdonarle, porque dolió demasiado".

Me quedé sorprendido de la intuición de esta joven, reconociendo que estaba aferrándose a la amargura para protegerla de sufrir su dolor más profundo. Con esa confirmación, se me aumentó la esperanza de que pudiéramos ver una sanación milagrosa. A través de mi intérprete animé a Ana: "Creo que tu pierna se puede curar si perdonas a este hombre". Y añadí: "Jesús te quitará también el dolor". Este audaz paso de fe podría haber sido presuntuoso, pero me sentía raramente confiado en Dios en ese momento, ya que los dones sobrenaturales de sabiduría y fe estaban brotando libremente del Espíritu Santo (1 Cor 12:8–9). Mientras el intérprete traducía lo que dije, yo estaba sujetando el tobillo derecho de Ana con mi mano izquierda. Tan pronto como Ana pronunció las palabras de perdón, sentí que su pierna soltaba las ocho pulgadas en mi mano, llegando a una longitud normal.

Todos quedamos atónitos y empezamos espontáneamente a alabar a Jesús por sanarla. Ana estaba particularmente aliviada y sorprendida, dándose cuenta de que también se había liberado su dolor emocional. La herida física de Ana era evidente, pero sus heridas emocionales más profundas no lo eran—como tampoco su "pecado". ¿Es justo llamar pecado a su falta de perdón? Como niña, hizo lo único que sabía para protegerse del dolor y los traumas que la abrumaban. Mi interés aquí no es con su culpabilidad moral, porque creo que tenía muy poca, o ninguna. Pero las decisiones de su joven corazón tuvieron consecuencias reales. Si había escogido inconscientemente, ahora tenía la opción y capacidad de perdonar. Sólo necesitaba seguridad de que Jesús estaría cerca de ella como había prometido. Era claramente la que encajaba en la descripción de "los de corazón roto y espíritu abatido" a los que promete estar cerca el Señor (Sal 34:19).

Todo pecado nos separa de Dios de alguna manera (Is 50:2). La separación puede ser parcial o completa, dependiendo de la gravedad de nuestro pecado (CIC, 1854–58). En un momento crítico de su joven vida, Ana apartó separó de Dios a parte de su corazón, impidiéndole experimentar su amor. Tanto si consideramos esto pecado o no, la opción de Ana ciertamente se convirtió en caldo de cultivo para sus posteriores dificultades en la vida, así como lo había hecho por las tres personas que sufrían de depresión a quienes mencioné en el capítulo anterior. Como los demás, Ana había sido bautizada y tenía un cierto conocimiento de que el Padre se deleitaba en ella. Mostraba un amor genuino por Dios y el deseo de cumplir su voluntad. Pero en ciertos lugares de su mente y su corazón, había adoptado mecanismos de autosuficiencia para defenderse del dolor de sus traumas.

Estas estrategias de defensa y de autosuficiencia al fin se convirtieron en lo que san Pablo llamaba una "fortaleza" (2 Cor 10:4). Las fortalezas son baluartes espirituales y psicológicos construidos de manera invisible en nuestras mentes y corazones, que nos protegen del daño. En tiempos bíblicos, el significado era mucho más fácil de comprender. Las ciudades tenían murallas que separaban a la gente de los invasores. Estas "fortalezas" protegían a la gente del daño. Siguiendo con esas imágenes, el rey David alababa a Dios por su protección: "Señor, mi roca, mi fortaleza, mi libertador. Mi Dios, el peñasco en que me refugio, mi escudo, mi fuerza salvadora, mi baluarte" (Sal 18:3).

Desde la infancia, muchos de nosotros instintivamente alejábamos nuestros corazones de Dios, especialmente cuando nos sentíamos amenazados por traumas.

El rey David tuvo una experiencia directa de la protección de Dios al ser perseguido por los hombres de Saúl. Podía cantar este salmo desde lo más profundo de su corazón porque confiaba en que Dios sería su fortaleza y protección. El Padre también es nuestro protector, nuestra roca, y el fundamento firme de nuestras vidas. Desde la infancia, muchos de nosotros no sabíamos cómo acudir a él en medio de nuestros traumas, especialmente cuando aquellos en quienes confiábamos eran precisamente los que nos estaban causando daño. Desde la infancia, instintivamente alejábamos nuestros corazones de Dios, especialmente cuando nos sentíamos amenazados por traumas. Volvíamos nuestra mirada hacia dentro, en lugar de mirar hacia fuera hacia el Padre. Pensando equivocadamente que nos estábamos protegiendo, estábamos, de hecho, abriendo las puertas de nuestra alma a los demonios, que estaban listos y al acecho para establecer una falsa protección y consuelo en esos momentos[8].

Las fortalezas comienzan como convicciones arraigadas en nuestra mentes y corazones. Se basan en las mentiras y engaños de Satanás. A menudo se desarrollan como respuesta a heridas traumáticas que no han sido curadas. Todo esto toma lugar sutilmente y sin alboroto: "Una mentira se planta y se cree. Una tentación se pone en práctica. Una herida se abre y se deja pudrir"[9]. Cuando estas heridas quedan sin atención, al final se infectan por el pecado. Antes de que nos demos cuenta, nos han llevado a una esclavitud espiritual en un área concreta de nuestras vidas.

Estas fortalezas crean barreras en nuestras mentes y corazones, que nos pueden evitar recibir el amor de Dios y su gracia y conocer nuestra identidad como sus amados hijos e hijas. Tanto si somos conscientes o no, participamos en la construcción de estas fortalezas de auto protección y falsa comodidad[10]. Piensa en la situación de Ana. Desarrolló una fortaleza de falta de perdón en su mente y corazón para protegerse de todo el dolor del accidente. Aunque recibía algún consuelo de esta auto protección, ésta también servía una función no intencionada: le impedía recibir las gracias de sanación que deseaba tan desesperadamente. Al mismo tiempo, mantenía su corazón cerrado al amor y la intimidad. No pudo liberarse hasta que invitó a una autoridad más fuerte—Jesús—a superar al hombre fuerte demoníaco (Lc 11:14–23).

En el cuarto capítulo de la carta a los Efesios, san Pablo muestra cómo se desarrollan las fortalezas. Empiezan de manera pequeña, con nuestras reacciones humanas a las heridas y luego se convierten en puertas para que los demonios establezcan lo que Pablo llama los "fuertes". Imagínate un fuerte de esta manera: imagínate que un ladrón llega a tu casa y llama a la puerta. Antes de darte cuenta, abres un poco la puerta para ver quién va. Antes de que puedas detenerlo, el ladrón pone el pie en la puerta, manteniéndola abierta. Con el pie en la puerta, el ladrón ha establecido un fuerte. O se le empuja afuera y la puerta se cierra, o conseguirá entrar, te atará y saqueará tu casa. La imagen de estar atado es parecida a cuando el fuerte se convierte en fortaleza. Nos atamos en cualquier área en la que hayamos permitido a un fuerte hacerse más poderoso que nuestra voluntad de hacer la voluntad de Dios.

Pablo usa el ejemplo de la ira para demostrar cómo nos hemos atado al pecado capital. Advierte: "Si se enojan, no se dejen arrastrar ni permitan que la noche los sorprenda enojados dando así ocasión al demonio" (Ef 4:26–27). Otras traducciones dicen: "No le des una entrada al maligno". Pasa a describir el mal fruto que crece cuando le permitimos una entrada al maligno, incluyendo "amargura, furia, ira, gritos y peleas" (Ef 4:31).

Todos sabemos cómo esas expresiones demoníacas de la ira se pueden convertir de entradas a fortalezas en nuestras vidas. Lo que comienza como una emoción sana que indica una injusticia, si no se entrega al Espíritu Santo puede convertirse en una fuerza destructora en nuestras vidas, dañándonos a nosotros mismos y a nuestras relaciones. Lo que pensábamos que nos estaba protegiendo del mal, de hecho se convierte en una fuente mayor de daño, apresándonos e hiriendo a otros. Nos convertimos, como bien describe san Pablo, en esclavos de nuestro pecado. Acabamos haciendo no lo que queremos hacer, sino más bien lo que aborrecemos (Rom 7:14–15). ¿Puedes identificarte con esto en algún área de tu vida? En cualquier lugar de tu vida en que te has sentido atrapado y sin esperanza, es muy posible que se haya situado una fortaleza.

Te animo a pasar bastante tiempo haciendo diario sobre estos temas. Con la ayuda del Espíritu Santo, estas áreas serán identificadas y por fin sanadas.

La figura 6.2 de la siguiente página ilustra una expresión concreta del árbol de la ciencia donde la ira tiene su dominio. Piensa en las distintas manifestaciones de la parte derecha superior y la izquierda como distintos tipos de "manzanas" que nos atan a nosotros y a los de nuestro alrededor.

Date cuenta de que el árbol está arraigado en una autosuficiencia pagana, reflejando el pecado original de Adán y Eva, que surgió cuando desobedecieron a Dios y comieron el fruto del árbol de la ciencia del bien y del mal (Gén 3:1–11). En este caso, la ira es el pecado capital del tronco del árbol. El fruto del árbol revela distintos modos en que la ira se puede manifestar en nuestras vidas. En la parte derecha encima del árbol están las expresiones más evidentes de la ira tales como la cólera, malicia, difamación, murmuración, etcétera. Cuando éstas aumentan, podemos ver sus expresiones extremas en violencia, abuso, venganza y asesinato. Todos sabemos lo destructivas que pueden ser todas estas manifestaciones de la ira. Simplemente enciende el televisor y mira las noticias diarias o prácticamente cualquier película. La Escritura ofrece muchas advertencias para que superemos esto, con la ayuda de la gracia de Dios.

En el lado izquierdo del árbol, las "manzanas" representan síntomas ocultos de la ira causados por una ira reprimida. Esta ira oculta se puede manifestar como actitud de superioridad, juicio, depresión y enfermedades físicas[11]. Todas ellas tienen consecuencias mortales en nuestras vidas. La superioridad nos puede impedir ver nuestra necesidad de Dios y bloquear nuestra capacidad de buscar y recibir su misericordia. También nos puede marcar con esa actitud de superioridad que nos hace mirar a otros con desprecio, creando aislamiento y relaciones rotas. La depresión nos puede llevar a aborrecernos a nosotros mismos, resultando en suicidio en casos extremos. La depresión y la amargura también pueden traer consigo diversos tipos de enfermedades

Figura 6.2 Árbol de la ciencia del bien y del mal: ira

IRA EXPRESADA
Abuso verbal, insultos, difamación,
cólera, venganza, revancha,
asesinato, violencia, malicia,
murmuración

IRA OCULTA
Superioridad, juicio,
amargura, resentimiento,
depresión, suicidio,
enfermedad, dolencia

**PECADO
CAPITAL**
Ira

RAÍZ DEL PECADO
Autosuficiencia impía

*Cada uno de los pecados capitales tiene una
estructura de raíz y frutos parecida.*

físicas. La investigación ha mostrado que muchas formas de cáncer, artritis, enfermedades digestivas, problemas de corazón, enfermedades del sistema inmunológico, y otras enfermedades físicas están arraigadas en una ira no resuelta y en las tensiones relacionadas con ella[12].

¿Puedes ver por qué la ira es considerada uno de los siete pecados capitales? Sin freno en nuestras almas se convierte en letal para nosotros mismos y para los demás, creando una raíz de amargura que salpica a muchos (Heb 12:15).

Como emoción sana, la ira indica que nosotros u otra persona hemos sido privados del amor o hemos sido tratados injustamente. Pero el pecado capital de la ira toma lo que es sano y dador de vida y lo convierte en algo destructor. Si no recibe tratamiento, esta ira mortal puede convertirse en amenazante de la vida a muchos niveles. Mata nuestros cuerpos por la enfermedad, nuestras almas restringiendo nuestra capacidad de amar, y nuestros espíritus separándonos de una relación íntima con Dios. También interfiere en nuestras relaciones más íntimas. Esto es lo que le pasó a Ana, así como a John, el joven cuya sorprendente historia comentaremos en el próximo capítulo: "Anatomía de una herida".

> *Como emoción sana, la ira indica que nosotros u otra persona hemos sido privados del amor o hemos sido tratados injustamente.*

TOMA UN MOMENTO

Antes de volver nuestra atención al próximo capítulo, quiero animarte a pasar algún tiempo en oración y reflexión, examinando tu propio árbol personal con un pecado capital específico en su raíz.

- ¿Cuáles son las "manzanas" a las que te enfrentas una y otra vez en tu vida?

- Dibuja el árbol que produce estas manzanas. Asegúrate de empezar por la raíz (autosuficiencia impía), luego identifica el tronco (pecado capital específico) y acaba por identificar el fruto que produce en tu vida este pecado capital (por ejemplo, las manzanas).

CAPÍTULO SIETE

ANATOMÍA DE UNA HERIDA

Vergüenza. . .parece sacudir los fundamentos de nuestra existencia. Cierto temor siempre es parte de la propia esencia de la vergüenza.

Papa Juan Pablo II
Hombre y mujer los creó

Al final del último capítulo, mencioné a un joven llamado John. Si conocieran a John, estoy seguro de que les gustaría. Líder popular en un ministerio universitario, se ganó la admiración de sus compañeros con su celo ardiente y alegría contagiosa. El primer día que lo conocí, me atrajo su entusiasmo y su genuino amor por Jesús. Por todas las apariencias externas, parecía como si John estuviera bien integrado, pero internamente luchaba contra un sentido de vergüenza subyacente. Como Ana, una raíz profunda de amargura se había formado en su corazón desde muy pequeño. Sólo tenía dos años cuando su corazón se cerró al amor. Para cuando tenía doce años, se había hecho adicto al alcohol, las drogas y la pornografía.

John tenía veintiún años cuando lo conocí y para entonces, ya había recibido bastante liberación y sanación, comenzando con Alcohólicos Anónimos y culminando en una poderosa experiencia en un retiro con un ministerio universitario local. Al dejar el retiro, John estaba confiado en que, de hecho, se había liberado de sus hábitos de adicción. Nunca se había sentido mejor en su vida.

Durante las siguientes semanas, John experimentó un subidón inigualable en el Espíritu Santo. No se acordó para nada de las drogas y el alcohol, excepto para dar gracias a Dios por su liberación. Pero al bajar de su alto espiritual unas semanas más tarde, John perdió totalmente el equilibrio. A falta de la cocaína y el alcohol, su adicción sexual de años antes volvió a surgir, trayéndole una vergüenza intensa y un sentimiento de estar totalmente fuera de control. En los meses siguientes, vivió en el temor de ser descubierto. Sin saber qué otra cosa hacer, sabiamente optó por acudir a su párroco, confesó su pecado e intentó comenzar de nuevo. Pero luego John cayó otra vez. . . y otra vez. . . y otra vez. . . semana tras semana, mes tras mes. Viendo su profundo deseo y su creciente auto aborrecimiento, el párroco le prometió generosamente ayudarle en su lucha, proporcionando dirección espiritual dos veces al mes, animándole a seguir asistiendo a la Misa diaria y ofreciendo confesión siempre que la necesitara. Esta medicina espiritual, del árbol de la vida, ayudó mucho a John, pero sus impulsos sexuales le mantuvieron comiendo del árbol de la ciencia del bien y el mal.

Incluso con la sobreabundancia de gracias de la dirección espiritual y los sacramentos, que dieron frutos de muchas maneras, John siguió adorando al dios del sexo, expresado en el trio pagano de pornografía, fantasía y masturbación. No importa cuánto ni cómo lo intentara, no podía resistir la tentación por más de tres semanas cada vez. Parecía no tener ninguna fuerza de voluntad para resistir al poder seductor de la lujuria. Aplaudiendo el esfuerzo de John, pero dándose cuenta de que se necesitaba algo más, el párroco de John me lo refirió para terapia. Me encontré con John durante varias sesiones de consejería, ofreciéndole la mejor ayuda profesional que yo pudiera proveer. Siguió todas mis recomendaciones y me expresó sus luchas honestamente. Pero a pesar de nuestros mejores esfuerzos, vimos poco progreso. No importa cuánto lo intentara John, volvía a recaer en sus impulsos sexuales. Finalmente, reconociendo que nos estábamos enfrentando a una atadura demoniaca, le propuse a John que los dos ayunáramos y oráramos entre reuniones. Le indiqué que Jesús enseñó a sus discípulos a hacer esto para ayudar a otro joven a alcanzar la libertad (Mc9:29).

En la siguiente sesión, descubrimos que ambos habíamos recibido la misma directiva del Espíritu Santo en nuestro tiempo de oración y ayuno—llevar todo pensamiento e imaginación a la luz de Cristo (ver 2 Cor 10:5). La respuesta de John llegó a través de un libro de Patrick Carnes, uno de los pioneros en el campo de la adicción sexual, instruyendo a John a enfrentarse a sus fantasías y sacarlas a la luz. En mi oración, yo me acordé de otro hombre que había alcanzado la libertad de sus impulsos sexuales sacando a la luz sus oscuras fantasías y vergüenzas ante Jesús a través de la oración[1]. Recibí una intuición más de que las fantasías de John, aunque no santas, ocultaban necesidades legítimas sin responder, y buenos deseos que estaban empujando a sus impulsos sexuales.

Nuestra directiva del Espíritu Santo estaba clara, pero ninguno de los dos estábamos demasiado contentos de seguir su guía. John tenía miedo de exponer sus fantasías secretas. El entrar en ellas significaba caminar derecho a su vergüenza más profunda[2]. Para mí como terapista, el explorar estas imágenes íntimas y eróticas en la mente de John se me hacía como una violación de su intimidad. Tampoco quería que ninguno de los dos se sintiera excitado por su recuerdo de la fantasía. Pero como ambos estábamos convencidos de que esta era la idea de Dios y no la nuestra, obedecimos renuentemente.

Les ahorraré los detalles, excepto una pieza de información importante. Parte de la fantasía de John se centraba en el pecho de una mujer. Es importante que sepan esto, porque el resto de lo que ocurrió no tendría sentido sin este dato. Tan pronto como John empezó a describir esta parte de la fantasía, sentí que el Espíritu Santo me empujaba a parar y a invitarle a entrar en la oración del corazón. Esperé, asegurándome que era el Espíritu Santo y no mi propia incomodidad.

Después de unos segundos de oración en silencio, me di cuenta de que esto era exactamente lo que hacía falta. Después de unos cuantos minutos de silencio y de oración de escucha, John empezó a sollozar incontrolablemente, indicando que de hecho estábamos tocando un dolor profundo reprimido de una memoria raíz. Me quedé en silencio con él, sintiendo el amor del Padre y la compasión y dándole el espacio para sentir su angustia interior.

Cuando al fin pudo hablar, John compartió conmigo las imágenes que vio en la oración. La primera implicaba el recuerdo de sí mismo con dos años mirando a su madre dándole el pecho a su hermanita. Al compartir lo que vio en su imaginación, empezó a llorar de nuevo. ¿Te preguntas cómo ese recuerdo podría causar tanto dolor? ¡Yo también! Me quedé atónito de que una imagen pura e inocente pudiera no sólo ser la causa de su dolor, sino también la fuerza motriz de su impureza y vergüenza sexual. Todavía sintiendo fuertemente la presencia del Espíritu Santo, confié en que estuviéramos yendo en la dirección correcta, pero seguí atónito ante lo que nos estaba mostrando. Podía ver que John estaba sufriendo el dolor desgarrador del abandono, pero nada de la imagen me daba una pista sobre su fuente.

En los siguientes quince minutos, la imagen se hizo más clara. John explicó: "Esa es la primera vez que recordaba esa experiencia, pero sé que es real. Clarifica el sentido de todo". Me alegré de que lo hiciera para él, pero yo todavía estaba asombrado. Con esta nueva comprensión, John siguió, "Yo tenía envidia de mi hermana, porque ella tenía lo que yo quería, el cuidado y el amor de mi madre. Sentía resentimiento hacia mi hermana y odiaba a mi madre. Me juré a mí mismo, 'Nunca voy a necesitar nada de mi madre'. Y desde entonces, mi corazón se ha cerrado al amor de mi madre. He buscado por todos los modos de satisfacer esa necesidad no cubierta. Ahora comprendo por qué siempre tengo la fantasía sobre el pecho de la mujer. Necesito cuidados y conexión".

Mientras John compartía sus intuiciones del Espíritu Santo, empezó a llorar de nuevo, permitiéndome confiar en que, incluso si yo no lo entendía del todo, era real para él. Todavía inseguro de lo que estaba causando el odio hacia su madre y su hermana, seguí orando, pidiéndole a Jesús que nos mostrara todo lo que John quería saber. Unos minutos más tarde, John estaba radiante de alegría y compartió conmigo una segunda imagen que el Espíritu Santo le había revelado en la oración: "Jesús vino a mí como niño de dos años y me cargó en sus brazos. Inmediatamente me sentí calmado y amado. Entonces Jesús me llevó a su madre, dándome a conocer que la estaba compartiendo conmigo. Y la Santísima Madre me cargó y me nutrió. Me sentí profundamente nutrido y protegido".

A medida que John hablaba, sentí la bondad que él estaba compartiendo, pero me preguntaba sobre la autenticidad de estas imágenes. ¿Era esto otra fantasía, o era realmente el Espíritu Santo guiando su imaginación? Lo único que sabía yo es que habíamos orado, pidiéndole a Jesús que le mostrara algo, y él ahora tenía el fruto del Espíritu (amor, gozo y paz) presente donde no había estado unos minutos antes. Jesús dijo que lo conoceríamos por el fruto (Mt 7:16). El fruto inicial era bueno, pero era demasiado pronto para examinar el fruto a largo plazo. Mientras estaba preguntándome sobre todo esto, pensé en otro Juan (el discípulo amado) quien, en medio de la gran angustia al pie de la cruz, también había recibido el don de la madre de Jesús. "Mujer, he ahí a tu hijo. . .hijo, he ahí a tu madre" (Jn 19:26b–27a) ¿Era esto lo que estaba ocurriendo? ¿Estaba este John delante de mí recibiendo a María como madre? ¿Pero qué había con la parte de nutrir? ¿Era eso puro? ¿Era de Dios? ¿Podía ser real si todo estaba en su imaginación? Yo no quería ahogar al Espíritu Santo ni arruinar la alegría de John, así que decidí probarlo todo por los frutos a largo plazo.

Cuando John vino la siguiente vez parecía una persona distinta. Tenía una esperanza recién encontrada y alegría y estaba lleno de gratitud por lo que Jesús había hecho por él. Me dijo que unos cuantos días después de nuestra reunión, había recibido el Sacramento de la Reconciliación, y finalmente pudo creer que había sido perdonado por Jesús. Hasta esa experiencia de sanación, la vergüenza de John le había impedido recibir la gracia abundante inherente en el sacramento. En la superficie, ciertamente parecía que todo el fruto era bueno. John estuvo libre de su compulsión sexual por los siguientes meses, y luego se graduó y se trasladó a otra ciudad. Lo que yo no sabía era que John todavía albergaba falta de perdón hacia su madre y su hermana. Más tarde me enteré de que Dios había revelado otra memoria que él no había compartido conmigo, porque no estaba preparado para enfrentarse a esas heridas más profundas. Estas resultaron ser piezas cruciales en el rompecabezas de su proceso de sanación. Pasarían otros diez años antes de que yo escuchara el resto de la historia, que compartiré más adelante en este libro.

Como ilustra la historia de John, nuestras respuestas a las heridas que experimentamos a menudo tienen a largo plazo un impacto en nosotros más que los propios traumas. Los traumas pueden ser horribles, o relativamente pequeños, pero nuestras respuestas determinan si vamos a permitir que se desarrolle una fortaleza. Las razones por las que John se sintió abandonado o rechazado por su madre todavía estaban ocultas a nuestra vista en su mayor parte, pero sus respuestas al trauma eran muy evidentes. Durante nuestra oración juntos, el Espíritu Santo reveló estas respuestas: John había interiorizado la convicción de que estaba solo y no era amado. Había juzgado a su madre como falta de afecto, y su respuesta fue rechazar su amor totalmente. Al separar su corazón de ella, se sintió aún más solo y poco amado. También envidiaba a su hermana por tener lo que él no tenía: el cuidado de su madre. Además de eso, se hizo a sí mismo una promesa de no necesitar nada de su madre nunca más. Incluso si sólo tenía dos años, estas decisiones, hechas por su propio libre albedrío, tuvieron un impacto duradero. Las respuestas de John a la herida abrieron la puerta a los pecados capitales de la ira (odio hacia su madre), la envidia (resentimiento hacia su hermana), lujuria (pornografía, masturbación y fantasías) y soberbia (juicio y autosuficiencia).

La respuesta de John no es distinta de muchas de nuestras respuestas cuando nos sentimos heridos. Tanto si somos conscientes de ello o no, nuestra respuesta a las heridas inevitables de la vida viene de uno de los dos árboles. Cuando respondemos en el Espíritu (árbol de la vida), enfrentando nuestro dolor en comunión con Jesús, crecemos en seguridad, madurez y pureza. Al contrario, cuando respondemos "en la carne" (árbol de la ciencia del bien y del mal), estas heridas traumáticas pueden asediarnos durante el resto de nuestra vida, hasta que son curadas. Dada nuestra debilidad espiritual (concupiscencia), la respuesta de la carne llega con más facilidad.

La figura 7.1 ilustra el proceso de cómo se forman esas fortificaciones. Cada uno de los círculos concéntricos representa un aspecto diferente de nuestra respuesta al trauma. Si miramos a los círculos de dentro afuera, tenemos nuestras heridas, nuestras convicciones y luego nuestras promesas internas. Juntas, forman una fortificación de auto-protección (un baluarte), representando capas de aislamiento alrededor de nuestro corazón, un intento vano de protegernos de más dolor.

Figura 7.1. Anatomía de una herida

Dense cuenta de que el círculo interno se llama "heridas". Esto representa los acontecimientos traumáticos que causan heridas a nuestro cuerpo, alma y espíritu. Según el Modelo de Vida, desarrollado por un equipo de psicólogos y neurólogos, las heridas pueden ocurrir en una de dos maneras generales: tanto por privación de amor (traumas de tipo A) o a través de acciones de desamor que violan nuestros límites personales de alguna manera (traumas de tipo B). Los traumas de tipo A son muy comunes, pero se pueden pasar por alto fácilmente. Pueden incluir el "no ser valorado y celebrado por los propios padres; no saber que eres un deleite; no ser comprendido o cuidado; no recibir la disciplina apropiada o límites; no ser capaz de desarrollar la libertad o los talentos personales"[3]. ¿Has pensado alguna vez en estos como heridas o traumas?

Los traumas de tipo B, por otro lado, son las cosas malas que nos ocurren. Son lo que típicamente consideramos acontecimientos traumáticos: muerte, divorcio, violencia, abuso verbal, abuso sexual, abandono por un padre o esposa, siendo testigo del abuso de otro, etcétera[4].

Ambos tipos de trauma causan sufrimiento, lo cual se almacena permanentemente en nuestros cerebros y en todas las células de nuestro cuerpo. Esta es la conclusión de Wilder Penfield, un neurocirujano de la Universidad McGill en Montreal, que hizo sus descubrimientos al hacer cirugías cerebrales[5]. Encontró que nuestro cerebro almacena todas nuestras experiencias. Cuando se rebusca, nuestro cerebro recuerda todas las percepciones y sentimientos asociados con esas experiencias. Incluso cuando no somos conscientes, estas memorias influyen en nuestros pensamientos, acciones, y conducta por el resto de nuestra vida, hasta que son sanadas.

Las experiencias traumáticas de John con su madre fueron almacenadas en su mente, cuerpo y espíritu incluso si él no lo recordara conscientemente. Cuando oramos, el Espíritu Santo las sacó a la superficie. Las heridas de John parecían ser de algún tipo A, debido a la privación del cuidado que necesitaba. En la imagen de la oración cuando la madre de John estaba dándole el pecho a su hermana, ninguna de las dos estaba evidentemente haciendo nada para dañar a John. Pero el dolor de John me dijo que de hecho había un trauma más severo que había experimentado. Más tarde descubrí que John había vivido un trauma de tipo B antes del recuerdo que compartió conmigo.

Cuando los traumas se dejan sin atender, crean heridas en nuestra alma que al final pueden dañar nuestros cuerpos y espíritus de maneras significativas. Estas heridas se hacen parte de nuestro lenguaje diario y revelan los efectos del pecado en nuestras vidas. Hablamos libremente de sentirnos rechazados, confusos, abandonados, con miedos, etcétera. Cada una de esas heridas es una prueba particular del infierno, que trae tormento a nuestra alma. Hasta donde yo sé, aunque esas heridas llenan páginas de la Escritura y la literatura cristiana, no hay nada formalizado en la Iglesia que catalogue específicamente nuestras heridas. Por esa razón, nos hemos apoyado en la obra de Ed Smith, terapista y ministro ordenado, que desarrolló el Ministerio de Oración Teofóstica. Después de muchos años de observación de las áreas en las que lucha la gente, Ed identificó ocho modos concretos comunes en los que somos heridos[6]. Encontré que esta lista concordaba con mi propia experiencia personal y profesional. Encajándola con nuestra rica tradición católica, he reducido la lista por uno (al incluir ensuciado en el término vergüenza). Desde ahora, me referiré a ellos como las siete heridas capitales[7].

Descubriremos en el próximo capítulo sobre el sufrimiento redentor, Jesús llevó estas siete heridas en la cruz al Calvario. A menudo hablamos de sus llagas físicas, pero creo que sus siete llagas del alma le causaron una gran angustia.

La tabla 7.1 enumera las siete heridas capitales, con las convicciones de identidad acompañantes de cada una de ellas

Tabla 7.1 Siete heridas capitales y las convicciones acompañantes

SIETE HERIDAS CAPITALES	CONVICCIONES DE IDENTIDAD
Abandono	Estoy solo; a nadie le importo y nadie me entiende.
Temor	Tengo miedo; si confío, seré herido/ moriré.
Impotencia	No puedo cambiarlo; soy demasiado pequeño/débil.
Desesperanza	Las cosas nunca van a mejorar; quiero morirme.
Confusión	No comprendo lo que está pasando.
Rechazo	No soy amado, querido o deseado.
Vergüenza	Soy malo, estoy sucio, avergonzado, soy estúpido no tengo valor (por lo que me ocurrió, no soy agradable; nunca me recuperaré).

Dense cuenta de que cada una de las siete heridas capitales tiene una convicción de identidad correspondiente. Cuando estamos heridos, a menudo interiorizamos mensajes sobre nosotros mismos. Esto a su vez afecta nuestra identidad, el modo en que nos vemos a nosotros mismos. Podemos creer con nuestra inteligencia que somos los hijos amados de Dios, pero nuestros corazones creen un mensaje distinto. Por ejemplo, cuando somos rechazados, podemos creer que no somos queridos, amados o deseados. Cuando experimentamos vergüenza, podemos interiorizar la creencia de que somos malos, sucios, indignos, estúpidos, y más.

En nuestro círculo (figura 7.1), recordarás que las convicciones constituyen el círculo del medio, representando cómo las mentiras y los juicios de identidad se utilizan para aislarnos del impacto de los traumas. Al principio, nuestras distorsionadas convicciones son una protección contra el dolor, pero en último término, se convierten en parte del mecanismo por el cual nuestro dolor queda encerrado en nuestro cuerpo y alma. Estas convicciones distorsionadas se convierten en los ladrillos que forman los fuertes de nuestras mentes y corazones. Convicciones sobre nuestra identidad, tales como los que se enumeran en la tabla 7.1, moldean el modo en que nos vemos a nosotros mismos y se convierten en filtros a través de los cuales vemos la vida en todos sus muchos aspectos. Para John, algunas de esas convicciones eran las siguientes: Estoy solo y no soy digno de amor. Mi hermana recibe todo el amor. Mi madre no me ama. Mi padre me ignora. Dios también me abandonó. Como ven, las convicciones de John se extienden más allá de su propia identidad y afectan a su percepción de su padre y madre, su hermana e incluso Dios. Estos juicios nos pueden atar a lo largo de todas nuestras vidas.

Al principio, nuestras distorsionadas convicciones son una protección contra el dolor, pero en último término, se convierten en parte del mecanismo por el cual nuestro dolor queda encerrado en nuestro cuerpo y alma.

La Escritura nos advierte que nuestros juicios fuera de Dios dañan nuestras almas (Rom 2:13; Lc 6:37–42). La sabiduría de Dios revela que cuando juzgamos a los demás nos condenamos a nosotros mismos y que la medida que utilizamos con los demás será la medida con que seremos medidos. Es decir, los juicios que mantenemos separan nuestros corazones de las personas de quienes necesitamos amor, mientras que aumentan nuestro sentido personal de vergüenza y condenación. La auto-condena de John (no soy digno de amor) se incrementó al hacerse mayor. Esto se convirtió en la fuente de su vergüenza paralizadora, que dio alas a sus adicciones.

Recuerda cómo Dios me enseñó sobre mis juicios (en el capítulo 2) con la película *Good Will Hunting* y a través de la blasfemia que pronuncié en mi corazón: ¿qué demonios hay de bueno en Dios? Estos juicios sobre Dios, así como sobre Margie, Dave y mi papá, estaban formados por convicciones alrededor de mis traumas infantiles. Eran el modo en que me protegía a mí mismo del dolor del rechazo y el abandono. Además de estos juicios, yo formé convicciones laterales sobre mí mismo, creyendo que estaba solo y que no era digno de amor ni del sacrificio de mi padre. ¿Puedes ver cómo todo esto conformó mi identidad profundamente y mis relaciones con Dios y los demás?

Estas convicciones se convirtieron en fortificaciones, en último término "erigiéndose contra el conocimiento de Dios" (2 Cor 10:5). Es decir, estas convicciones no estaban de acuerdo con la verdad de Dios, sino que venían del "Padre de la mentira" (Jn 8:44). Aunque me parecían verdaderas, de hecho, eran falsas, destinadas a impedirme confiar en Dios y recibir su amor. Estas mentiras se convirtieron en fortificaciones de protección personal, manteniendo mi corazón alejado del sentimiento de dolor, y de ser herido de nuevo.

De manera parecida, John formó convicciones sobre su madre, mujeres, intimidad, Dios y sí mismo, como manera de resguardarse del dolor del abandono y el rechazo. Al separarse a sí mismo de su madre, aseguró que quedaría atorado en la llaga del abandono. Al rechazar y juzgar a su madre, mantuvo su corazón atado en el propio rechazo que estaba tratando de evitar. Sus juicios cubrían su profundo sentido de vergüenza que creía: "No soy digno de amor. No debo ser digno de amar y ser cuidado". En respuesta a sus heridas de impotencia y confusión, John también hizo promesas internas, que le proporcionaban una quimera de control. En realidad, esas promesas terminaron por sacarlo de control en sus adicciones.

Las promesas internas, representadas por el círculo exterior en la figura 7.1, son decisiones que hicimos consciente o inconscientemente para protegernos a nosotros mismos, consolarnos y cuidarnos, normalmente en medio del caos y el trauma. En momentos de sentimiento de descontrol, conseguimos un falso sentido de seguridad y control frente al dolor. Estas promesas también sirven como barreras alrededor de nuestros corazones de muchas maneras. Quizá por eso Jesús fue tan firme en advertirnos de no hacer ninguna promesa (Mt 5:33–37). Se nos indica que simplemente nos sometamos a la voluntad de Dios en humildad; cualquier otra cosa se considera una arrogancia y soberbia (Santiago 4:15–17).

Estas promesas poco santa son muy distintas de los votos santos que pronunciamos como parte de los sacramentos. Los votos interiores a menudo se hacen inconscientemente, en lo más profundo de nuestro corazón en respuesta a circunstancias amenazadoras. Por contraste, los votos sagrados se hacen públicamente, para que todos los vean. Por ejemplo, nuestras promesas bautismales, que renovamos en Pascua en la Iglesia católica, son proclamados públicamente y con gran humildad, y son presenciadas por Cristo y su Iglesia. Reconocemos que estos votos sagrados no se hacen con fuerza humana, sino con la fuerza de Dios. Los

> *Los sacramentos son los medios de gracia y fortaleza en nuestras vidas. Establecen fortalezas divinas que nos dan seguridad en Jesús, madurez en la virtud cristiana y por último, traen pureza de corazón.*

sacramentos son los medios de gracia y fortaleza en nuestras vidas. Establecen fortalezas divinas que nos dan seguridad en Jesús, madurez en la virtud cristiana y, por último, traen pureza de corazón. Esos votos brotan del árbol de la vida.

Por el contrario, nuestras promesas interiores contra Dios se originan en el árbol de la ciencia del bien y del mal y nacen de la soberbia.

Nos separan de la comunión con Jesús y niegan la gracia de Dios, repitiendo la herejía pelagiana que se condenó en el siglo IV que proponía que podíamos ser buenos sin Dios (es decir, autosuficiencia sin Dios)[8]. Jesús nos dijo que fuera de él no podemos hacer nada (Jn 15:6) Nuestra naturaleza caída desea hacerlo todo fuera de Dios. Esto es de lo que trata el pecado original. El árbol de la ciencia del bien y del mal está arraigado en la convicción de que podemos vivir la vida a nuestra manera, en nuestros propios términos. Y, sin embargo, ese es exactamente el modelo que establece una promesa interna sin Dios para nuestra vida. No importa lo joven o viejo que seas, toda promesa no sagrada nos lleva por el camino de una autosuficiencia sacrílega, donde intentamos ser nuestro propio dios en lugar de confiar en Dios.

Yo personalmente llegué a darme cuenta de las diferencias entre un voto inspirado por Dios y un voto sacrílego cuando estaba en mis treintas, durante un tiempo en que Margie y yo llegamos a un punto de crisis en nuestro matrimonio. Nuestros votos matrimoniales, hechos en la gracia del Sacramento del Matrimonio, nos mantenían juntos. Mis promesas internas, formadas en mi corazón cuando era adolescente, me llevaron casi a seguir el mismo camino que mis padres en su divorcio, lo mismo que había juzgado que quería prevenir. Nuestra crisis marital llegó cuando cumplí los treinta y tres años, la edad exacta a la que mi papá se había ido de casa. Después de que él marchara, recuerdo haber estado en la cama por la noche, sintiéndome solo, sin protección y con miedo. No tenía el vocabulario entonces, pero se habían establecido en mi corazón heridas enormes y abiertas de abandono, rechazo, y miedo. Después de que marchó papá, no supimos de él por casi dos años. Pensé que había muerto. Mi razonamiento de trece años decía: Papá tiene la misma edad que Jesús (treinta y tres) cuando murió en la cruz, así que Papá debe estar muerto.

No podía aguantar vivir en este lugar de terror tanto tiempo. Después de un tiempo, empecé a aislarme, formando inconscientemente juicios contra mi padre. Sin darme cuenta, empare-jé esos juicios con mis promesas internas: *yo no seré infiel como mi papá. Nunca dejaré a mi esposa e hijos. Nunca me divorciaré. Nunca dejaré que la bebida controle mi vida.* También añadí algunos juicios y promesas sobre mi madre: *Nunca estaré necesitado como mi madre. Nunca dejaré que nadie me hiera como mi papá hirió a mi mamá.*

Podrías pensar que éstas son buenas promesas. Yo también lo pen-saba, pero, muchos años más tarde, tuve una sacudida. Aunque esas promesas se podrían parecer a mis votos sagrados matrimoniales, esta-ban a años luz de distancia. Mis votos matrimoniales eran positivos, enfocados en amar a Margie fielmente en comunión con Jesús. Mis votos sacrílegos internos fueron hechos en el temor, juicio y soberbia. Me impidieron ver claramente a Margie durante muchos años. Estaba, en cambio, viviendo en la sombra de mi niñez fragmentada y en las heridas de mi familia de origen. Estaba atado por esas promesas. Eran como cadenas alrededor de mi corazón y alrededor de nuestro matri-monio, ahogando la vida de nuestro amor. En lugar de impedirme seguir el camino de mis padres, me conducían directamente a él.

Lo mismo ocurrió con el joven John. Su promesa de "no necesitar nunca nada de su madre" acabó por abocarlo a un camino de autode-strucción, de hecho, separando su corazón de su fuente de alimento y amor. Esta área del corazón estaba formada en la soberbia y se resistía a la gracia de Dios, así como mis heridas, promesas y convicciones amurallaban mi corazón contra el amor y la fuerza sanadora de Dios.

John y yo teníamos experiencias muy distintas, pero ambos aca-bamos respondiendo al trauma en modos que nos mantuvieron atados durante décadas. Tanto si consideramos estas respuestas como pecado o no, podemos ver cómo dieron paso a los siete pecados capitales que comentábamos en el último capítulo. Estas heridas, convicciones y promesas a menudo permanecen enterradas por muchos años, ya que constituyen el sistema de raíces de nuestros árboles personales.

Figura 7.2 *Árbol de la ciencia del bien y del mal: pecados y heridas*

FRUTOS—PECADOS DE LA CARNE

Fornicación Resentimiento

Pornografía Juicio

Masturbación Amargura

Fantasía Odio

LUJURIA IRA

ENVIDIA

"No quiero que mi hermana tenga lo que yo no puedo tener"

SOBERBIA

Promesa interna: "Cuidaré de mí mismo"

RAÍZ DEL PECADO

Autosuficiencia sacrílega

HERIDAS

MENTIRA DEL RECHAZO

"No soy amado. Nadie me quiere ni me desea. No soy valorado ni importante".

MENTIRA DEL ABANDONO

"Estoy solo. Nadie se preocupa por mí. Nadie me comprende".

MENTIRA DE LA VERGÜENZA

"Soy malo. Estoy sucio. No soy digno de amor".

Ahora, al llegar al final de la segunda parte, "Enfrentar nuestro quebranto", es el momento de integrar todo lo que hemos aprendido hasta ahora. La figura 7.2 ilustra el árbol de la ciencia del bien y el del mal personal de John. Al examinarlo, empieza por arriba y vete bajando hasta las raíces.

Fíjense en las "manzanas" de John hacia lo más alto el árbol. Estos son los pecados específicos que llevó a la confesión. En el tronco y las ramas del árbol ves los fuertes de cuatro de los siete pecados capitales: soberbia, envidia, ira y lujuria. Estos produjeron el mal fruto en su vida.

Mirando hacia la base del árbol, puedes ver como la promesa interna de John subrayaba su autosuficiencia soberbia. Al fondo, en el sistema de raíces, mira a cómo sus heridas específicas mantenían atado el corazón de John. Finalmente, ve cómo sus convicciones de identidad le impedían creer que era amado del Padre y por tanto bloqueaban el que recibiera su sanación.

Al seguir estudiando la versión personalizada del árbol de la ciencia del bien y del mal de John, fíjate en cómo los diversos baluartes están interconectados y son interdependientes. Las heridas de John daban gasolina a su soberbia, que daba voz a sus promesas. Su soberbia también alimentaba su envidia hacia su hermana. Estas, a su vez, daban fuerza a los baluartes de la ira y la lujuria. Al examinar el tronco y las ramas de este árbol, dáte cuenta de que en lugar de madurar en virtud, el árbol de John se llenó de diversos vicios.

Presta atención al "fruto" de cada uno de esos pecados capitales. La lujuria se manifiesta en forma de pornografía, fantasía, masturbación y fornicación. De la misma manera, la envidia de John para con su hermana y el pecado capital de la ira dio fuerza a las fortalezas de amargura, falta de perdón, odio y resentimiento.

En lugar de estar plantado con seguridad en la buena tierra del amor del Padre, el corazón de John permanecía separado por los modos en que respondía a sus heridas. Cuando tomó la desafiante decisión en su corazón de "nunca necesitar nada de su madre" lo preparó para toda una vida de intentos en vano de consolar su corazón vacío. Aunque hizo el voto desde el deseo de protegerse del dolor, esa promesa de hecho lo dejó sin protección. Arrancó de raíz su joven corazón del amor de su madre y de Dios. Aunque ambos aún lo amaban, él no lo podía recibir.

Todo esto dejó a John sintiéndose perpetuamente rechazado, abandonado, e intrínsecamente poco digno de amor (vergüenza). Fíjate en que esas heridas están nombradas al pie del árbol, bajo la tierra y ocultas a la vista.

En el capítulo 3 invitábamos a Jesús a sanar nuestra ceguera y él gradualmente responde a nuestras preguntas. ¿Estás comenzando a ver una imagen más amplia desde la perspectiva de toda la persona de John (capítulo 5)? La historia de John es un ejemplo de todas nuestras fragmentaciones. Todos nosotros tenemos heridas específicas y pecados que contribuyen a nuestras "manzanas" particulares. Las fantasías de John, nacidas del pecado de la lujuria, tenían raíces más profundas en otros pecados capitales y heridas.

Como todos nosotros, John necesitaba la buena medicina del Espíritu Santo (del árbol de la vida) para sanar sus heridas. Necesitaba humillarse y enfrentar su fragmentación para poder recibir la sanación que deseaba tan profundamente. La historia de John es una ilustración llamativa de cómo nos podemos preparar para la vida por las opciones que hacemos, los desgarramientos del pecado original y las mentiras del maligno. Nuestros temas particulares podrían ser singulares, pero todos los hijos de Adán y Eva comparten este árbol de la ciencia del bien y del mal en común. Esto es cierto para todos nosotros incluso después de llegar al reino de Dios por el Bautismo (CIC, 1264; Gál 5:19–22).

Te invito ahora a llenar el pie de tu árbol, que comenzaste en el último capítulo. Esta vez, enfócate en la estructura de la raíz de heridas, convicciones y promesas interiores.

- ¿Puedes identificar las heridas específicas en las raíces de tu árbol? Escríbelas.
- Bajo las heridas, escribe las convicciones de identidad asociadas con ellas.
- ¿Qué promesas internas hechas desde esas heridas subyacen a tu autosuficiencia?

Ahora que nos hemos enfrentado a nuestra fragmentación y llegado a una comprensión profunda de ella, estamos preparados para pasar a la parte tres, "Sanar nuestras heridas".

TERCERA PARTE
SANAR NUESTRAS HERIDAS

Lleva a Jesús todo tu sufrimiento. . . simplemente abre tu corazón para ser amado por Él tal como eres. Él hará el resto.

Santa Madre Teresa de Calcutta
Carta a la familia de Misioneras de la Caridad

CAPÍTULO OCHO

SUFRIMIENTO REDENTOR

Debemos llevar la victoria de la Cruz de Cristo a todos y en todo lugar. . . ¡La Cruz de Cristo abrazada con amor no lleva a la tristeza, sino a la alegría!

Papa Francisco
Domingo de Ramos, 2013

En la primera parte de este libro, nos pusimos en camino al encuentro de Jesús como maestro bueno, médico compasivo e Hijo amado. En la parte dos, examinamos nuestra fragmentación desde la perspectiva de la integridad de la persona y exploramos cuántos de nuestros síntomas físicos y psicológicos tienen sus raíces en los siete pecados capitales y las siete heridas capitales. Ahora en la tercera parte, trataremos de presentar esa fragmentación a Jesús, pidiéndole que sane nuestras heridas y nos libere de las ataduras del pecado que tanto nos atrapan. Con ese fin en mente, enfocaremos nuestra atención en tres poderosas medicinas del árbol de la vida: el sufrimiento redentor, los sacramentos y la oración de sanación. Al empezar este capítulo sobre el sufrimiento redentor, te animo a mantener estas dos preguntas en mente:

- ¿Cómo es el sufrimiento redentor de Jesús un medio para nuestra sanación personal?
- ¿Cómo puede nuestro propio sufrimiento redentor ser fuente de sanación para nosotros mismos y para los demás?

La Pasión y el sufrimiento humano

Ante la majestad de la divina providencia, escribo este párrafo durante la Semana Santa, cuando toda la Iglesia hace una pausa para contemplar en mayor profundidad el misterio de la Pasión, Muerte y Resurrección de Jesús. Durante este bellísimo y sanador tiempo del año litúrgico, el papa Francisco nos anima a "llevar la victoria de la Cruz de Cristo" con amor y alegría duradera. Muchos de nosotros nos preguntamos cómo podrá ser esto posible cuando contemplamos los efectos del mal en acción diariamente en el mundo a nuestro alrededor y lo experimentamos íntimamente en nuestras vidas.

Hace varios años, durante la Semana Santa, fui con miembros de nuestra comunidad parroquial a ver la película *La Pasión de Cristo*. Yo sabía que no sería fácil de ver, pero acabó siendo incluso más difícil de lo que yo había pensado, especialmente durante la escena de la flagelación de Jesús. Quería marcharme al ver a Jesús lastimado por los repetidos latigazos de los soldados. Con cada golpe desgarrador, y cuanta más sangre brotaba de su carne rota, me quedé más y más paralizado. Podía entender con una nueva profundidad las palabras del Salmo 38: "Estoy agotado, deshecho totalmente, y rujo con más fuerza que un león" (Sal 38:9).

En el huerto de Getsemaní, Jesús gimió con todas sus fuerzas con el corazón lleno de angustia (Mt 26:36–38), pero aquí, en la columna, estaba simplemente acallado y aplastado. Su Madre, María, sus seguidores y todos los demás espectadores estaban traumatizados de manera parecida, como muchos de nosotros que veíamos la representación.

Tanto como observadores como si somos participantes, todos conocemos el trauma que enmudece el corazón en nuestras vidas: la angustia de la muerte, la separación de corazones y familias por el divorcio, la violencia del abuso. . . y la lista sigue. El sufrimiento está a nuestro alrededor y ha tocado cada una de nuestras vidas personalmente, de un modo u otro. No tenemos más que poner las noticias de la tarde y está frente a nuestros ojos. Y todas las mañanas nos levantamos para llevar nuestras propias cruces, grandes o pequeñas.

Y sin embargo, en medio de todo esto, se nos anima a llevar estas cruces con alegría en lugar de tristeza. ¿Cómo es esto posible?

Si eres como yo, tu instinto es escapar del sufrimiento y alejarte de todo el dolor abrumador que lo rodea. Todos tenemos una sana aversión a toda forma de mal y el sufrimiento que la acompaña. Esto es natural. Nuestra primera y natural respuesta es evitarlo a toda costa.

Cuando hablamos del sufrimiento redentor no estamos sugiriendo que el sufrimiento sea bueno en sí mismo. Como afirma el papa san Juan Pablo II en su encíclica *Sobre el sufrimiento humano*, el sufrimiento es una experiencia del mal[1]. No hay nada de brillo en el mal o en sus efectos y la Cruz nos deja esto totalmente claro. Incluso Jesús oraba que su cáliz de sufrimiento se

> *El sufrimiento es una experiencia del mal.*

apartara de él, antes de entregarse a la voluntad del Padre por nosotros (Mt 26:3). Sabía estaba a punto de entrar en la batalla más difícil con el mal que cualquier humano nunca hubiera tenido que enfrentar. Y, sin embargo, lo hizo voluntariamente, porque sabía que su sufrimiento redimiría al mundo entero.

Si la historia de la pasión terminara con la crucifixión, no tendríamos otra opción más que resignarnos a la desesperación inevitable de pasar nuestras vidas en la miseria. Esto sería el infierno en la tierra. Pero la historia del Evangelio, no termina en un sufrimiento y desesperación sin sentido. "En la Cruz de Cristo no sólo se realiza la redención a través del sufrimiento, sino que también ha sido redimido el sufrimiento humano"[2]. Jesús no se quedó clavado en la cruz o en la muerte; triunfó en la Resurrección. Como proclama la Iglesia con una sola voz en la Pascua: "Cristo vive". Por la victoria de Cristo sobre el pecado y la muerte, la Cruz se ha convertido en fuente para nuestra sanación y redención.

Jesús vence al mal

Todo sufrimiento es traumático de alguna manera, pero no todo sufrimiento es redentor. En el último capítulo hablábamos sobre el impacto duradero de nuestras experiencias traumáticas. El impacto depende en gran medida del modo en que respondemos. En Jesús tenemos el ejemplo de cómo responder al trauma desde el árbol de la vida. A través de todo su sufrimiento, siguió confiando en el Padre y no en sí mismo, y así respondió al mal más horroroso trayendo el mayor bien nunca conocido en la historia de la humanidad.

Toma un momento y reflexiona conmigo sobre todo lo que alcanzó Jesús por nosotros en su sufrimiento redentor. Se nos asegura en la Escritura que "asumió nuestras enfermedades y cargó con nuestras dolencias" y que "fue traspasado por nuestras ofensas, aplastado por nuestros pecados" (Mt 8:17; Is 53:5). Pero ¿qué significa eso al nivel práctico en cada una de nuestras vidas?

> *¿Cómo podemos personalmente apropiarnos las gracias que ganó Jesús para nosotros en la Cruz?*

¿Cómo podemos personalmente apropiarnos las gracias que ganó Jesús para nosotros en la Cruz? Estas preguntas no son fáciles de contestar, porque implican grandes misterios, pero de algún modo debemos explorar estos misterios para que la muerte y resurrección de Jesús sean verdadera medicina para nuestros cuerpos y almas.

Superar los siete pecados capitales

La mayoría de nosotros tiene al menos cierto aprecio y comprensión de los grandes beneficios del sacrificio redentor de Cristo. Al cargar toda la culpa y el castigo por nuestros pecados, nos hizo posible vivir sin condenación y sin culpa (Rom 8:1). Porque "fue traspasado por nuestras ofensas y aplastado por nuestros pecados" (Is 53:5), nosotros somos capaces de presentarnos ante el Padre sin temor al rechazo (Heb 4:16). No importa lo horribles que sean nuestras ofensas, tenemos la seguridad, en Cristo, de que seremos aceptados completamente cuando saquemos nuestros pecados a la luz y recibamos su perdón (1 Jn 1:5–10). (Hablaremos más de esto en el siguiente capítulo con la historia de mi hermano Dave).

Pero eso no es todo lo que logró Jesús para nosotros mediante su pasión, muerte y resurrección. Demasiado a menudo nos detenemos ante el hecho de que nuestros pecados son perdonados y perdemos la esperanza de superarlos algún día. Dejamos de darnos cuenta de que nuestros pecados capitales se han convertido en fortificaciones que exigirán armas poderosas para vencerlos (2 Cor 8:4). Jesús nos mostró cómo vencer a esos pecados capitales respondiendo con el espíritu contrario. Enfrentando su sufrimiento con la ayuda del Espíritu Santo, mostró las virtudes de vida frente a todo pecado capital[3].

Tabla 8.1. Siete virtudes de vida

PECADOS/VICIOS CAPITALES	VIRTUDES DE VIDA
Soberbia	Humildad/mansedumbre
Envidia	Bondad/gratitud
Gula	Ayuno/moderación
Lujuria	Castidad/continencia
Ira	Paciencia/entrega
Avaricia	Generosidad/buena administración
Pereza	Diligencia/fidelidad

Consideremos cómo Jesús venció el mal asociado con cada uno de esos pecados capitales. Al confrontar la soberbia de los gobernantes, fariseos y guardias, Jesús respondió con total humildad. Hace lo mismo en respuesta a nuestra arrogancia, altanería y orgullo. Al crecer en comunión con él, aprendemos a ser mansos y humildes de corazón, como lo es él (Mt 11:29).

Cuando Jesús sintió toda la fuerza de su ira, odio, y cólera, *soportó pacientemente, entregando el control* y cediendo su derecho a la venganza. Al final, su única respuesta fue perdonar a quienes le herían, incluyendo a todos nosotros que hemos sido destructivos con nuestra ira. Al morar en él, podemos soportar nuestro sufrimiento pacientemente, en lugar de reaccionar con ira.

Jesús pendió de la cruz como resultado directo de la envidia insidiosa del mal expresada a través de cada uno de los líderes que estaban llenos de una envidia virulenta. Cargando la maldad que surge de nuestra envidia también, responde simplemente con bondad y amor de hermano. Su compasión e interés genuino por nuestro bienestar es un testimonio precioso para todos nosotros, enseñándonos a ser *agradecidos* por lo que se nos ha dado y a atender a las necesidades de los demás, incluso desde nuestro dolor.

En respuesta a la indiferencia de los espectadores y nuestra propia muerte, Jesús permaneció *diligente*, totalmente comprometido y fiel hasta el final. Combatiendo nuestra *avaricia*, él lo *entregó todo*, hasta el último pedazo de su ropa, incluso su propio ser—cuerpo y sangre, alma y divinidad. A través de todo, confió completamente en la providencia del Padre. Su ejemplo nos enseña a trabajar diligentemente y a confiar en el Padre en todas las circunstancias, sin importar lo amenazadoras que parezcan.

Superando nuestra *gula*, él mostró una suma *abstinencia*, absteniéndose de drogas o bebida en la cruz, aunque estaba magullado y sediento. Por nuestra *lujuria*, el cargó con el ridículo de todo. Desnudo y despojado de todo,

> *No devuelvan mal por mal, ni injuria por injuria; al contrario, retribuyan con bendiciones, porque ustedes mismos están llamados a heredar una bendición (1 Pe 3:9).*

se convirtió en el Cordero de Dios sin mancha y el esposo casto. Toda nuestro capricho queda expuesto por él y por su Espíritu, somos capacitados para ejercitar la *continencia* y *la castidad*.

La fuerza increíble de Jesús y su amor frente al sufrimiento con asombrosos, ¿verdad? En él, vemos a un hombre perfeccionado en la virtud. "Cuando lo insultaban no respondía con insultos, cuando sufría, no amenazaba" (1 Pedro 2:23). Al tiempo que lo admiramos, tenemos que preguntarnos sobre nosotros mismos. ¿De qué manera posible podríamos imitarlo? Y sin embargo esto es precisamente a lo que estamos llamados a hacer, con su gracia, frente a todo daño en nuestra vida. "No devuelvan mal por mal. . . sino que venzan al mal a fuerza de bien" (1 Pe 3:9).

Evidentemente no podemos hacer esto con nuestras propias fuerzas. Esto sería llevarnos de regreso al árbol de la ciencia del bien y del mal, confiando en nosotros mismos en lugar de en Dios. Pero a medida que permitimos que la vida de Jesús crezca en nosotros, su sufrimiento redentor nos ayuda a responder con el espíritu contrario como lo hizo él, cambiando nuestros pecados capitales por sus virtudes de vida.

Personalmente, me queda un largo camino para aplicar esto en mi vida diaria. Pero he aprendido a estar agradecido por los modos pequeños y sencillos en que veo la gracia de Dios obrando en mí y a través de mí. Estoy descubriendo algunos de los gozos del sufrimiento redentor. Una pequeña victoria, en una circunstancia muy ordinaria, sirve para ilustrar. Margie y yo estábamos en medio de una conversación cuando ella dijo algo que me ofendió. Me sentí rechazado. (Esto en sí mismo es una buena señal de crecimiento en que pueda reconocer el rechazo y nombrarlo). Expresando internamente mi herida al Padre, fui capaz de evitar reaccionar de manera parecida en esta ocasión. En su lugar, me sentí movido a orar en silencio.

Con la fuerza de Dios, reprimí el deseo de vengarme con palabras desagradables. Aunque fue una pequeña victoria, sólo fue parcial. No respondí con un amor total, sino que me aparté (una forma menos obvia de rechazarla a ella). Pero, mientras recorría el aparentemente largo camino de nuestra sala de estar al dormitorio, todavía iba acariciando mi herida. Pero, al seguir orando, sentí que el Espíritu Santo me movía a volverme y regresar a reconciliarme con Margie. Protestando interiormente, me di cuenta de que me estaba aferrando a un resto de amargura (el pecado capital de la ira) y superioridad (el pecado capital de la soberbia).

Pensé para mí mismo: *fue ella la que me hirió. Es ella la que tiene que venir a pedir disculpas.* Pero entonces, me paré en seco, porque el Espíritu Santo me mostró que me estaba escondiendo tras un muro de protección de soberbia por mi temor a ser rechazado de nuevo (heridas de temor y rechazo). Pensé que me estaba protegiendo a mí mismo del rechazo, pero lo que estaba haciendo de hecho era rechazar a Margie. Con esta nueva consciencia, le pedí al Padre que me perdonara y me ayudara a amarla. Aceptando su amor y fortalecido por su gracia, me volví y fui a la sala, sintiéndome más vulnerable y menos autoprotector esta vez. Mientras caminaba, escuché los pensamientos en mi mente, lávale los pies, lo que entendía como que debía humillarme ante Margie y servirla. Todavía luchando, sabía que tenía que expresar amor y bondad. Cuando lo hice, Margie inmediatamente se suavizó y nuestro amor se reparó muy rápidamente.

Más tarde esa misma noche, me detuve y le pedí a Dios que me mostrara en qué parte de mi corazón estaban arraigados esos sentimientos de rechazo. Y luego que pedí que sanara esas heridas más profundas en mí. Él me llevó de regreso a algunos recuerdos de tiempos anteriores en nuestro matrimonio y de cuando era niño y adolescente, cuando había internalizado el mensaje No soy amado. Necesitaba su amor en esos lugares de mi corazón para sanarme.

Aunque es solo un pequeño ejemplo, este tipo de sufrimiento redentor es la sustancia de la vida cotidiana. Incidentes como éste no son en absoluto insignificantes. ¡Cuánto cambiarían muchas de nuestras relaciones dramáticamente si pudiéramos vivir diariamente esta gracia de sufrimiento redentor que trae alegría y no más dolor de corazón! Yo anhelo poder amar de esa manera, ¿y tú? Creo que es lo que Jesús quería decir cuando nos pidió que tomáramos nuestra cruz y le siguiéramos (Mt 16:24). Cada una de estas "pequeñas muertes" nos ayuda a prepararnos para nuestra muerte y resurrección final, la sanación definitiva en Cristo. Solamente cuando optamos por morir a nuestras reacciones egoístas en estos modos pequeños tendremos la gracia de hacer la entrega final.

TOMA UN MOMENTO

Toma un momento para reflexionar sobre los modos en que has sufrido de manera redentora, muriendo a tus reacciones egoístas y eligiendo amar en lugar de vengarte.

- Recuerda una situación en que querías vengarte, pero respondiste con bondad y perdonaste a la persona que te hirió.

- ¿Cómo lidiaste con tu corazón herido? ¿Invitaste a Jesús a entrar en tu dolor?

Sanar las siete heridas capitales

Jesús nunca concedió ni la más pequeña entrada al maligno a través de todo lo que sufrió. Nunca llegó a un acuerdo con las mentiras del enemigo ni cedió a su poder de definir su identidad. Se reprimió de cualquier traza de amargura, no formó ningún juicio impío y evitó las promesas autosuficientes que podrían haberle impedido confiar totalmente en su Padre.

Incluso en medio de todo el mal que amenazaba vencerlo, Jesús siguió creyendo en la bondad del Padre. Siguió firmemente anclado y fundado en el amor del Padre y nunca perdió de vista su propia identidad. Mediante su sufrimiento redentor, Jesús ofrece el ejemplo

Jesús ofrece el ejemplo supremo de cómo cada uno de nosotros puede enfrentar su propio sufrimiento con la gracia de su amor redentor.

supremo de cómo cada uno de nosotros puede enfrentar su propio sufrimiento con la gracia de su amor redentor.

Enfrentado a la angustia más aterrorizante de cuerpo y alma, Jesús no cedió al miedo o a las mentiras engañosas que le llevarían a retirarse o a protegerse a sí mismo. En su lugar, confió en el amor protector de su Padre en todo momento de su pasión. Aunque "rechazado y evadido por los hombres" (Is 53:3), no internalizó la vergüenza que viene del rechazo. En su lugar, "soportó la cruz, despreciando su vergüenza" (Heb 12:2). Jesús eligió libremente entrar en la *impotencia* y la aparente *desesperanza y confusión* de la cruz, pero nunca perdió de vista la voluntad de Dios y su omnipotencia. Permaneció anclado en la esperanza de la resurrección que iba a venir y enfocado en los objetivos que el Padre le había dispuesto.

Quizá lo más doloroso de todo esto fuera su experiencia de abandono, no sólo de sus amigos y seguidores, sino incluso de su Padre siempre presente. ¿Quién no se siente desgarrado por el lamento angustioso de Jesús desde la cruz: "Dios mío, Dios mío, ¿por qué me has abandonado?" (Mt 27:46).

Detente y escucha a Jesús pronunciar esas palabras desde lo más profundo de su alma. Permite a su grito angustioso expresar tu propio dolor de abandono. ¿Alguna vez te has sentido tocado por este dolor profundo en tu vida? Yo lo he vivido algunas veces en mi vida, más notablemente al enfrentarme a los acontecimientos de la partida de mi padre y en momentos de oscuridad espiritual cuando Dios pareciera estar lejos. Al conocer una mínima parte de este dolor, me siento asombrado ante la confianza de Jesús en el Padre. Aunque se sintió abandonado por él, siguió volviéndose a él. No le dio la espalda al Padre ni trató de cuidar de sí mismo como yo hago a menudo. No internalizó la mentira de que estaba solo o no era escuchado. En todo este sufrimiento, Jesús siguió confiando en el Padre, creyendo que seguía con él en cada momento, incluso en el momento en que el dolor desgarrador del abandono inundaba todas las facultades de su alma. Nadie grita si no piensa que hay alguien que está escuchando.

"Dios mío, Dios mío, ¿por qué me has abandonado?"

En medio de la agonía de Jesús, tuvo la presencia de ánimo de recitar el Salmo 22: "Dios mío, Dios mío, ¿por qué me has abandonado? ¿Por qué estás lejos de mi clamor y de mis gemidos? Te invoco de día y no respondes; de noche, y no encuentro descanso" (Sal 22:2–3). ¿Te encontraste a ti mismo queriendo decir (o clamar) lo mismo a Dios por los acontecimientos de tu propia vida?

La mayoría de nosotros no queremos reconocer estos sentimientos tan intensos. Tememos que, si lo hacemos, permaneceremos para siempre estancados en nuestro dolor y soledad. Pero lo contrario es cierto. Negar nuestro dolor es lo que nos mantiene sintiéndonos tan desesperadamente solos. Por contraste, la esperanza se restaura cuando, en comunión con Jesús, enfrentamos nuestro dolor y olvidamos la vergüenza como lo hizo Jesús en su pasión y a lo largo de toda su vida.

TOMA UN MOMENTO

Toma un momento para reflexionar en cómo respondes cuando te sientes profundamente herido.

- ¿Enfrentas tu dolor con Jesús, expresando al Padre tus emociones? ¿O eres más propenso a negar tu dolor y ceder a las mentiras de identidad?

- ¿Qué haces normalmente cuando te sientes "solo y poco querido"? ¿Tratas de automedicar esos sentimientos o se los presentas a Jesús como modo de encontrar la comunión con él?

- ¿Qué tipo de pensamientos te pasan por la mente cuando te enfrentas a situaciones atemorizantes en las que te sientes "impotente, desesperanzado, lleno de temor y confuso"? ¿Sigues confiando en la providencia del Padre y mantienes tu esperanza fija en él, o recurres a promesas de autosuficiencia y juzgas a las personas que te están juzgando como modo de aferrarte al control?

El ejemplo de sufrimiento redentor del papa san Juan Pablo II

El papa Juan Pablo II dio al mundo entero un bello ejemplo de cómo enfrentar nuestro sufrimiento con alegría, en comunión con Jesús. Conocía el dolor desgarrador del abandono, de perder a su amada madre a la temprana edad de los nueve años, y a su hermano tres años más tarde. Durante sus años de adolescencia, se enfrentó al temor de la muerte o la cárcel casi diariamente, y perdió a muchos amigos durante la guerra. A los veinte años perdió a su padre después de una breve enfermedad.

A través de su vida adulta, vivió bajo la constante opresión del comunismo y se encontró con la oposición por dondequiera que fuera, respondiendo a todo con misericordia y fe, mientras proclamaba la verdad primero como sacerdote, luego como obispo y finalmente como sucesor de Pedro. ¿Quién puede olvidar la bondad y compasión que le mostró al hombre que trató de asesinarlo? Incluso al morir su vida reflejó su comunión íntima con Jesús. En su funeral, un tercio del mundo entero estuvo viéndolo, porque en él veían a un testigo genuino: un hombre que vivía lo que enseñaba: "Todo hombre tiene su participación en la Redención. Cada uno está también llamado a compartir en el sufrimiento a través del cual se logró la Redención. . .

por eso cada hombre, en su propio sufrimiento, puede también ser partícipe del sufrimiento redentor de Cristo"[4].

Siguiendo el ejemplo de Jesús, Juan Pablo le mostró al mundo entero cómo el mal del sufrimiento puede convertirse en una fuente poderosa para el bien y en un medio de sanación. Nos enseñó que ya no tenemos que huir aterrorizados del inevitable dolor en nuestras propias vidas, o resignarnos en desesperación. Hizo realidad las palabras de san Pablo (ver Col 1:24). Se

Siguiendo el ejemplo de Jesús, Juan Pablo le mostró al mundo entero cómo el mal del sufrimiento puede convertirse en una fuente poderosa para el bien y en un medio de sanación.

alegró en su propio sufrimiento por el bien de la Iglesia, siguiendo el sacrificio redentor del Cristo en nuestro mundo moderno. Como san Pablo, nos demostró que cuando optamos por participar en el sufrimiento redentor de Jesús, permitimos que nuestras peores pesadillas se conviertan en ríos de gracia sanadora para nosotros mismos y para los demás.

La historia de mi hermano Dave es otro ejemplo inolvidable de cómo nuestras peores pesadillas se pueden transformar a través del sufrimiento redentor. Educado a base de los golpes de la vida durante los años que pasó en las calles como drogadicto, Dave constantemente desafiaba mis percepciones idealistas de la Escritura. Me desafiaba a explicar cómo Pablo podía encontrar alegría en el sufrimiento (cf. Col 1:24). Durante muchos años, lo único que conoció Dave fue la angustia del sufrimiento; en realidad no creía que nada redentor pudiera derivarse del sufrimiento que había experimentado. Nada de esto le había acercado más a Dios. Por el contrario, sus pecados capitales y sus heridas se convirtieron en el catalizador de su evasión. Incluso después de su fuerte sanación a través de los sacramentos, que explicaré en el próximo capítulo. Dave se preguntaba cómo san Pablo podía gloriarse de su alegría en medio del sufrimiento. Yo nunca logré explicárselo bien, probablemente porque yo mismo lo vivía tan pobremente. Como con la mayoría de las cosas, Dave tuvo que encontrarlo por sí mismo, por el camino más duro. Pero una vez que lo dominó, se convirtió en un ejemplo potente para mí y para toda nuestra familia.

Poco después de la experiencia de CRSP de Dave, mi mamá descubrió que tenía cuatro tickets de avión para viajar a cualquier lugar del mundo y que tenía que usarlos antes de que la compañía cerrara. Así que invitó a Dave, a Margie y a mí a acompañarla en unas vacaciones de tres semanas en Nueva Zelanda. Todo el viaje se convirtió en otro bello caso de providencia del Padre. Al visitar el paisaje majestuoso de Nueva Zelanda, sentimos como si estuviéramos viviendo en el paraíso. Revivimos la alegría olvidada de nuestra infancia, saltando en trampolines, gozando de grandes carcajadas juntos y contemplando toda la belleza a nuestro alrededor. Fue una experiencia gloriosa de resurrección después de muchos años de sufrimiento como familia.

Después de las vacaciones, Dave se sintió rejuvenecido y decidió que debía recuperar su relación con su hija Sara, que por entonces tenía cinco años. Aunque ambos lo habían intentado, las cosas no funcionaron con la madre de Sara, pero acordaron que Sara viviera con su papá parte del tiempo. Fue de hecho un nuevo comienzo, y parecía casi como un cuento de hadas después de los años difíciles de sufrimiento y desolación. Pero el cuento de hadas pronto se convirtió en pesadilla cuando Dave se enteró de que estaba enfermo sin remedio de VIH/SIDA. Al principio de los años 90, el SIDA era una sentencia de muerte. Dave sospechaba que había contraído el SIDA a través de una aguja de heroína, pero todavía mantenía la esperanza de que no se le convertiría en la enfermedad total. Estas esperanzas empezaron a decaer en el otoño de 1991 cuando los síntomas de SIDA empezaron gradualmente a aparecer en el cuerpo de Dave. Todos estábamos muy preocupados, especialmente porque unos meses antes había asegurado: "Si tengo SIDA, voy a escaparme a donde nadie me pueda encontrar.

Prefiero morir solo a hacer que los demás pasen esa agonía". Todos teníamos miedo de que se marchara y se llevara suficientes drogas para matarse.

Como estábamos pasando la primera Navidad en su nueva casa, Dave decidió esperar a confrontar sus temores hasta después de la Navidad. No quería arruinar la Navidad para su hija y para todos los demás. El día después de Navidad, estábamos los dos sentados en el porche solos. Yo me daba cuenta de que quería decirme algo, pero no quería que nadie más lo oyese. Empezó por hablarme de su cita con el doctor al día siguiente. "Tengo miedo de que el doctor confirme mi peor temor, de que de verdad tengo SIDA". Antes de que yo pudiera decir nada, Dave siguió: "Pero he estado orando sobre esto y tengo una sorprendente paz dentro de mí. Por mucho tiempo, he estado orando por un propósito, y creo que Dios me está mostrando que ésta puede ser mi respuesta. Mi propósito es convertirme en alguien con SIDA, viviendo para Cristo". Para cuando Dave terminó de hablar, yo me había quedado sin palabras. Me quedé allí sentado, enmudecido y admirado. No podía creer la madurez espiritual de mi hermano, que sólo unos cuantos años antes, había estado totalmente centrado en una vida de droga y crimen y que unos pocos meses antes había dicho que huiría antes de enfrentar esto con todos. Él estaba respondiendo a la pregunta que ninguno de los dos había podido responder: cómo san Pablo podía encontrar sentido y propósito a su sufrimiento. Y, ciertamente, durante los años restantes de su vida, Dave hizo justamente eso. Después de confirmar que tenía SIDA, el doctor calculó que le quedaban dos años de vida, siempre que tomara sus medicinas.

Ver a Dave deteriorarse durante los dos años siguientes fue tanto angustioso como edificante. Aunque su cuerpo se consumía día a día, su espíritu estaba siendo renovado por el Espíritu Santo (2 Cor 4:16). Poco a poco, Dave pasó de unas robustas 200 libras a unas frágiles 130, pero su espíritu llevaba la fuerza de Cristo en medio de la debilidad (2 Cor 12:8–10). Se convirtió en un testigo vivo y moribundo de Jesús para cada uno de nosotros. Nadie se sintió más afectado que mi hermano Wayne, que en ese momento no estaba practicando su fe. Wayne y Dave siempre habían estado cercanos el uno al otro, y cuando Dave ya no podía cuidarse a sí mismo físicamente, Wayne se lo llevó a su casa. Más que todos los demás, Wayne contempló la gracia, alegría y amor con las que sufría Dave. A su vez, Wayne encontró que su propio corazón se abría al cuidar de su hermano que moría. El cuidado de Dave al fin requirió que lo bañáramos y cambiáramos sus pañales de adulto. Wayne tomó la mayor parte de esta responsabilidad con ayuda de un trabajador de la salud. El resto de nosotros íbamos a darle un descanso los fines de semana. Bañar y limpiar a Dave no solo era incómodo sino también potencialmente peligroso si no practicábamos una higiene apropiada. A través de todo el dolor y la humillación, Dave lo llevaba todo animosamente. Cuando alguno de nosotros preguntábamos si podíamos ayudarle, simplemente hacía un gesto positivo y decía "fiat". Al escribir esto, una vez más quedo asombrado ante la providencia de Dios. Acabo de darme cuenta de que hoy es 25 de marzo, aniversario de la muerte de Dave, así como el cumpleaños de Wayne. Hace diecinueve años hoy, todos fuimos a Jacksonville a estar con Dave para una Pascua anticipada y para celebrar el cumpleaños de Wayne.

Nuestra celebración anticipada de la Pascua estuvo provocada porque papá llegaba de West Virginia una semana antes. Después de que mamá llamara a papá para comunicarle el rápido deterioro de Dave, un amigo del trabajo de papá le regaló un billete de avión para ver a su hijo por última vez. No pudo conseguir ningún vuelo durante la Semana Santa, así que llegó diez días antes. Todos decidimos celebrarlo en el Domingo de Ramos, dándonos cuenta de que podría ser nuestra última Pascua juntos como familia completa.

Cuando Margie y yo llegamos a casa de Wayne, alrededor de las 11 de la mañana del viernes, 25 de marzo, nadie abrió la puerta, pero oímos la voz de papá invitándonos a pasar. Wayne estaba en el trabajo, pero la puerta estaba abierta. No sabiendo qué esperar, pasamos hasta la habitación de Dave y vimos la más alarmante y gloriosa visión. Dave, semi-comatoso, estaba sentado entre las piernas de papá, mientras él lo sostenía por detrás en la cama. Papá sonrió como saludo, y la mirada semi-comatosa de Dave nos traspasó a Margie y a mí. Me sentí fuertemente conmovido por la escena. Estaba admirado de cómo el

Padre había orquestado estos acontecimientos, de nuevo. Ver a papá sosteniendo a Dave mientras agonizaba, era un toque innegable de la poesía de Dios. También me conmoví al ver a Dave luchando por respirar sus últimos suspiros, sabiendo que pronto sería liberado en los brazos de nuestro Padre celestial. ¡Qué privilegio presenciar todo esto! Era un puro regalo del Padre, el fruto de la disposición de Dave que ser "alguien con SIDA para Jesús". A través del sufrimiento redentor de Dave, Dios estaba sanando a nuestra familia. Mamá extendió misericordia a papá, y papá estaba de nuevo cuidando al hijo al que había abandonado. Además de esto, todos nos estábamos reuniendo como familia, reparando a un nivel más profundo la fragmentación del divorcio, y el uso de Dave de drogas que nos había dividido hacía más de veinticinco años.

Margie, que había empezado su carrera en la planta de oncología, reconoció que Dave estaba a punto de morir. Salió de la habitación para llamar a todos y decirles que vinieran rápido. Papá se levantó para ir al baño y me invitó a tomar su lugar, pasando detrás de Dave y sosteniéndole como lo había hecho papá. Yo ahora sostenía a mi hermano pródigo perdido por tanto tiempo, ambos reunidos de nuevo en el abrazo del Padre celestial, de nuestro padre terrenal y el uno al otro. Habíamos vuelto a casa. A los pocos minutos de que Margie y papá entraran de nuevo en la habitación, Dave dio su último suspiro. Yo me sentía como una comadrona, asistiéndole en su transición de esta vida a la otra y entregándoselo a los ángeles del cielo que lo conducirían con seguridad al Padre.

Dave nos había dado una bella respuesta a la pregunta de cómo "alegrarse en el sufrimiento". Mi corazón estaba rebosante. Tan pronto como Dave murió, papá y yo nos abrazamos llorando y gozándonos en lo que habíamos recibido la gracia de vivir. Margie, todavía atónita, se quedó atrás un momento y luego nos abrazó a cada uno. Yo estaba llorando a raudales en sus brazos, sintiendo amor no sólo por Dave, sino por papá y por Margie también. Pisábamos tierra sagrada, sintiendo la densa presencia del Espíritu Santo en medio de nosotros.

Mi corazón estaba a punto de estallar de amor y gratitud al Padre. Juntos, los tres nos tomamos de las manos y oramos por

Dave, confiando en que sería recibido con una bella fiesta en el cielo. Lloramos como quienes tienen la esperanza de las buenas cosas que han de venir (1 Tes 4:13). A medida que avanzaba el día, pudimos compartir ese amor con cada uno de los miembros de nuestra familia.

El día del funeral de Dave, nuestra familia inmediata estaba unida para dar la eulogía. Esto en sí mismo fue una fuente importante de sanación. La lectura del Evangelio, como adivinarán, contaba la historia del hijo pródigo y todos tuvimos una oportunidad de compartir sobre el camino de Dave desde el corral de cerdos y al abrazo de Dios. Estábamos todos celebrando juntos, sabiendo que Dave estaba presente con nosotros en la Comunión de los Santos, vistiendo ahora la túnica blanca que Jesús adquirió para él en la Cruz (Ap 7:14).

TOMA UN MOMENTO

Al leer el relato del proceso de agonía de Dave, sus momentos finales y el funeral, ¿qué te conmueve?

- ¿Hay alguna parte de la historia de Dave con la que te identificas? ¿De qué modos?

- ¿Puedes recordar alguna circunstancia de tu vida en que un sufrimiento intenso u otras tragedias se han transformado en experiencias profundamente sanadoras para ti, los miembros de tu familia u otros?

Cuando el sufrimiento se transforma por la gracia de Dios de esta manera, los acontecimientos asociados con él siguen trayendo más sanación, incluso años más tarde. Esto ha sido nuestra experiencia con el sufrimiento redentor de Dave. Exactamente un año después de su muerte, el 25 de marzo, varios miembros de la familia se reunieron en Saint Augustine, Florida, para celebrar el primer aniversario de la entrada en Dave en la vida eterna. Como era la fiesta de la Anunciación del Ángel Gabriel a María, el sacerdote dio una bella homilía sobre el fiat de María. Pasó a decir que el fiat de María fue su "sí" a todo lo que habría de experimentar, incluyendo el Calvario donde su propio corazón sería traspasado[5]. En medio de la homilía, todos nos miramos unos a otros y sonreímos. Finalmente entendimos el significado del signo de victoria de Dave y su fiat frente a todo lo que estaba pasándole. Dave estaba dando su "sí" a compartir el sufrimiento redentor de Jesús. En una pequeña medida, estaba siguiendo el ejemplo de la Virgen María, como afirma Juan Pablo II: "Desde el momento de su secreta conversación con el ángel, empezó a ver su misión como madre, su 'destino' de compartir. . . en la propia misión de su hijo. Y pronto recibiría la confirmación de esto. . . en las solemnes palabras del anciano Simeón, cuando habló de la espada de dolor que traspasaría su corazón". De algún modo, María representa a todos los que tenemos que acompañar a nuestros seres queridos en el camino del sufrimiento. Todos nuestros corazones son traspasados cuando nuestros seres queridos tienen que pasar por el dolor y la angustia mientras nosotros quedamos a un lado, impotentes. Esto fue ciertamente verdad en nuestra familia, y especialmente nuestra madre, mientras veía el deterioro de la salud de Dave.

Nunca olvidaré el Viernes Santo que Dave y yo compartimos dos años antes de su muerte. Caminamos despacio el Via Crucis juntos, sintiendo su peso y su realidad como nunca lo habíamos hecho antes. Cuando llegamos a la cuarta estación, Jesús se encuentra con su madre, Dave se paró y se quedó mirando. Yo estaba dispuesto a seguir, pero enseguida me di cuenta de que él no lo estaba. Finalmente me miró y dijo: "No sé cómo voy a enfrentarme a mamá cuando esté muriendo". También expresó un sentido de temor a tener que ver a mi abuela, que era como una segunda madre para él. De nuevo, yo no tenía palabras, sólo las lágrimas saltándose para encontrarse con las que ya se habían formado en sus ojos. Por fin reconocí, "Va a ser muy duro". Fue difícil, pero ambos infravalorábamos la gracia de Dios en nuestra debilidad.

Cuando el momento al fin llegó, mamá y mamá Margaret (nuestra abuela) estaban preparadas. Junto con Wayne, no tuvieron que estar en la habitación cuando Dave murió, pero no fueron olvidadas. El

Padre tenía un don especial para cada una de ellas. Mi abuela dijo que supo inmediatamente el momento en que Dave había muerto, ya que sintió una presencia entrar en la habitación; la reconoció como el alma de Dave despidiéndose. Se sintió profundamente consolada al tener su propio momento para despedirse de él. Mi mamá también dijo que supo inmediatamente por otro signo celestial. Estaba con su hermano Sam cuando las oscuras nubes que habían llenado el cielo ese día se abrieron de pronto y apareció un bello rayo de sol. En ese momento, ella supo que Dave había muerto. Desde entonces, cada vez que mamá visita la tumba de Dave, así como en otras ocasiones especiales, dice que ocurre el mismo milagro. Las nubes oscuras se abren y aparece un rayo de sol, y ella siente la sonrisa de Dave. Ahora su hijo amado está brillando en el reflejo de la gloria del Hijo de Dios.

Compartiré más sobre la transformación de Dave en el siguiente capítulo, ya que gran parte de ella vino a través de los sacramentos.

CAPÍTULO NUEVE

SACRAMENTOS Y SANACIÓN

[La Iglesia] cree en la presencia vivificante de Cristo, médico de las almas y de los cuerpos. Esta presencia actúa particularmente a través de los sacramentos.

Catecismo de la Iglesia Católica, 1509

Cuando estaba en los veinte, estuve algo indiferente a los sacramentos. Me podía identificar con el comentario de Scott Hahn antes de su conversión más profunda: "Los sacramentos son aburridos"[1]. Aunque podía recitar el *Catecismo de Baltimore* con bastante facilidad: "Un sacramento es un signo visible instituido por Cristo para conferir la gracia"—las palabras significaban poco para mí. Como los ciudadanos de Nazaret, cuya falta de fe les impedía recibir la gracia sanadora de Jesús, a mí me faltaba fe para reconocer la presencia del Médico Divino en los sacramentos, y por tanto recibí poca sanación de ellos durante muchos años.

Ahora veo los sacramentos a una luz muy distinta. Como dones preciosos derramados del costado de Jesús en la Cruz, cada sacramento es una participación tangible en su vida, muerte y resurrección (Rom 6:2–6; Ef 5:21–25) ¿Cómo pude haber pensado que eran aburridos o poco importantes? Muy por el contrario, ahora me doy cuenta de que los sacramentos son la línea vital de nuestra fe, la providencia de

Jesús para la unidad y sanación de la Iglesia (ver 1 Cor 10–12) y la fuente de toda bondad en la sociedad. Los sacramentos han existido de alguna manera u otra en todas las iglesias cristianas y a través de toda la historia del Antiguo y Nuevo Testamentos[2].

Mi despertar inicial al poder de sanación de los sacramentos tuvo lugar durante mi tercer fin de semana de CRSP. Si recuerdan del capítulo 1, pasé las primeras veinticuatro horas de ese retiro en una desolación infernal, mirando a todos a mi alrededor entrar plenamente en el Espíritu. Mirando ahora hacia atrás, veo cómo un espíritu pagano, que había logrado entrar en mi mente a través de algunos libros de ocultismo que había leído, me mantenía oprimido. Tan pronto confesé mis pecados y recibí la absolución, sentí un levantamiento inmediato de ese espíritu opresivo. Poco después de la confesión, escuché a un joven de diecisiete años dar testimonio de la presencia real de Jesús en la Eucaristía. No recuerdo lo que dijo, pero recuerdo su fe confiada y su alegre gratitud a Jesús. Al hablar, mi espíritu repentinamente me despertó a la enseñanza de la Iglesia, que había oído toda la vida, pero nunca había creído totalmente en mi corazón. Como una luz encendida, por fin pude aceptar lo que se me había enseñado todos esos años.

Al recibir los sacramentos esa noche, mi corazón despertó de la muerte a la vida. Estaba encontrando la presencia vivificante de Jesús, el médico de mi alma y mi cuerpo. Él reveló su presencia de distintas maneras: en el pan y vino consagrados; en el sacerdote (el Sacramento del Orden Sagrado) y en nuestra comunidad unida a él en los Sacramentos del Bautismo y la Comunión. Estábamos experimentando la alegría de ser "un solo corazón y una sola alma" en nuestra identidad colectiva como Cuerpo de Cristo (Hechos 4:32). Tres horas más tarde, mientras mis amigos y yo orábamos juntos, las gracias de nuestra Confirmación se manifestaron de manera nueva, al experimentar el descenso del Espíritu de manera similar al día de Pentecostés (Hechos 2:4; CIC, 1302). Con una consciencia mayor de nuestras identidades bautismales como hijos amados, clamamos con nuevo fervor y confianza: "¡Abba, Padre!" (Rom 8:15).

Cuando regresé a casa ese fin de semana y abracé a mi esposa y a mis hijas, sentí un amor que nunca había vivido. Esta experiencia me dio una mayor luz sobre el amor al que Jesús nos llamó cuando recibimos el Sacramento del Matrimonio. Tuve luz sobre lo que significa amar a mi esposa (e hijas) como Cristo amó a la Iglesia (Ef 5:25). En menos de un día, esos "aburridos sacramentos" se hicieron vivos en mi corazón y cambiaron mi vida para siempre.

Años de reflexión, ayudados por la Escritura y el magisterio de la Iglesia, me han permitido ver cómo cada uno de los sacramentos jugó un papel vital en mi sanación y transformación. Muchos maestros a lo largo del camino han ofrecido luces, incluyendo al Padre Raniero Cantalamessa, el respetado predicador de la casa pontificia durante el pontificado de san Juan Pablo II y Benedicto XVI. En su libro *Sobria intoxicación del Espíritu*, que leí muchos años después de mi retiro de CRSP, puso palabras a mis encuentros con Jesús en los sacramentos: "Podemos comparar los sacramentos a interruptores de corriente eléctrica" que permiten que el poder sanador de Jesús toque a cada uno de los cristianos de modos específicos[3]. Esta fue precisamente mi experiencia. Pasé de sentir "ninguna corriente eléctrica" a repentinamente sentir la presencia de Dios iluminando mi alma.

Pero estaba preocupado por una pregunta insistente. Había estado recibiendo los sacramentos muchos años. ¿Por qué no había experimentado la presencia de Jesús anteriormente? La explicación del P. Cantalamessa me ayudó a ver que las gracias de mi Bautismo (y otros sacramentos) habían estado ahí todo el tiempo, pero que no se habían liberado debido a mi falta de fe y las fortificaciones de mi mente y mi corazón:

La venida del Espíritu de hecho actualiza y revive nuestro Bautismo. . . la teología católica nos puede ayudar a ver cómo un sacramento puede ser válido y legal pero "no liberado" y su fruto permanece atado o sin usar. . . los sacramentos no son ritos mágicos que actúan mecánicamente, sin el conocimiento y colaboración de las personas. . . el fruto del sacramento depende totalmente de la divina gracia, pero tal gracia divina no actúa sin el "sí", el consentimiento y la afirmación de la persona. . . Dios actúa como esposo que no impone su amor por la fuerza, sino que espera el consentimiento libre de la esposa[4].

Finalmente, todo empezaba a tener sentido. Yo había recibido el don de Dios de sí mismo en mi Bautismo y seguía recibiendo su presencia sanadora a través de los demás sacramentos a lo largo de mi vida. La gracia se me había dado gratuitamente, pero solamente se había recibido parcialmente. Mi falta de fe y cooperación activa mantenía las gracias ampliamente desconocidas y llevando un fruto limitado en mi vida. Es más, mis propios pecados y llagas bloqueaban la gracia de Dios, e impedían su libre entrada en mi vida. Era como si mis tuberías espirituales estuvieran tupidas. Todos esos años, Jesús seguía esperando pacientemente mi "sí" a él. Él hace esto para cada uno de nosotros. Como nuestro libre consentimiento es esencial, espera pacientemente a su esposa herida, mientras que continúa llamándola hasta que está dispuesta y es capaz de recibir su don con un corazón abierto.

El papa Francisco recientemente reafirmó esto en una homilía post-Pascual: "La gracia contenida en los sacramentos pascuales es una fuente enorme de fortaleza para la renovación en la vida personal y familiar, así como para las relaciones sociales. Con todo, todas las cosas atraviesan el corazón humano. . . Si dejo que esa gracia cambie para mejor lo que no es bueno en mí. . . entonces le permito a la victoria de Cristo reafirmarse en mi vida. . . ¡Este es el poder de la gracia!—sin la gracia no podemos nada!"[5].

Date cuenta del énfasis del papa Francisco en nuestra voluntad libre y nuestra necesidad de sanación: "Todo atraviesa el corazón humano". Los sacramentos son potentes, pero su poder está limitado en nosotros según nuestra receptividad y fe.

- ¿Cómo has experimentado el poder sanador de los Sacramentos en tu vida?

- ¿Recuerdas algún momento en que el "interruptor de la luz" se prendió y fuiste capaz de creer y recibir las gracias en uno o más de los sacramentos?

- ¿Qué impedimentos de tu vida te impiden en este momento abrir tu corazón a las potentes gracias sanadoras inherentes en los sacramentos?

Unos cuantos años después de mi experiencia de CRSP, mi hermano Dave vivió su propia sanación personal y conversión, empezando en el fin de semana de CRSP. Aunque todos los sacramentos jugaron un papel vital en la transformación de Dave, los dos Sacramentos de la Sanación—Penitencia y Unción de los Enfermos—fueron particularmente significativos (CIC, 1421). La restauración inicial de Dave vino a través del Sacramento de la Reconciliación en su fin de semana de CRSP. Su camino de sanación en la tierra culminó en el Sacramento de la Unción de los Enfermos, que recibió dos semanas antes de morir.

Como yo, Dave había empezado a recibir los sacramentos en su infancia, y los recibió con una cierta fe hasta la adolescencia. Como monaguillos, a menudo servíamos en Misa juntos, pero después de que Dave empezara a tomar drogas en la adolescencia, pasó por un largo periodo alejado de la Iglesia. Como el hijo pródigo, Dave había casi malgastado toda la herencia recibida en los Sacramentos de la Iniciación (Bautismo, Confirmación, Eucaristía). Pero incluso mientras él se escapaba, el Padre "ciertamente no había olvidado a su hijo; de hecho, mantuvo inamovible su cariño y estima por él"[6].

No importa lo oscuras que fueran las cosas, Dave siempre tuvo un sentido de Jesús que lo llamaba de regreso al Padre. Creo que esta era la gracia oculta del Espíritu Santo obrando en su vida, como resultado de los sacramentos que había recibido en su infancia. Durante veinte largos y difíciles años, Dave se alimentó de las bellotas proverbiales, antes de recapacitar y regresar a casa (cf. Lc 15:17–20). A la edad de treinta y cinco años, Dave salió de la cárcel y vino a vivir con nuestra familia. Aunque nuestro matrimonio distaba mucho de ser perfecto, él pudo sentir el amor que Margie y yo nos teníamos uno al otro, a nuestras hijas, y a él. Día tras día, estaba siendo restaurado de maneras muy sencillas y ordinarias, a través de conversaciones, comidas y actos sencillos de atención a él y de unos a otros. Al mirar hacia atrás, me doy cuenta de que el proceso de sanación de Dave estuvo ayudado por esas gracias que brotaban de nuestro Sacramento del Matrimonio. Casi imperceptiblemente, Dios estaba restaurando la seguridad de Dave, que se había disipado en la adolescencia por el divorcio de nuestros padres. Desde la adolescencia, Dave había vivido como un hombre sin casa o familia. Por primera vez en años, pudo descansar sabiendo que pertenecía y que estaba siendo cuidado por una familia intacta.

Después de seis meses de recuperación, Dave decidió por sí mismo que quería asistir a un retiro de CRSP. Para entonces, mi hermano Bart y nuestro cuñado Nick también habían participado en el proceso. Dave podía ver el fruto en cada una de nuestras vidas y se sintió atraído por la paz que desprendíamos. Todos nos asombramos e ilusionamos mucho cuando expresó el deseo de asistir, pero quedamos con cierta aprensión, sin saber cómo respondería. En el último momento, el sentido de indignidad y el temor casi lo desaniman de ir, pero con un poco de ánimo, acabó llegando a la iglesia, donde fue recibido con los brazos abiertos por nuestro párroco y los demás hombres del equipo.

Fortalecido por las gracias del Orden Sagrado, el padre Mike reveló el amor del Padre y su aceptación de modos que Dave podía ver tangiblemente, escuchar y sentir. Ya que el humilde testimonio del padre Mike exaltaba a Jesús y no a sí mismo, Dave inmediatamente confió en él. A medida que avanzaba el fin de semana y Dave escuchaba al padre Mike dar testimonio personal del poder del Sacramento de la Reconciliación, Dave se sintió inspirado a acudir a la confesión por primera vez en veinticinco años. El padre Mike, representando al padre de la parábola del hijo pródigo[7], dio la bienvenida a Dave con los brazos abiertos y un corazón compasivo, lavándole a través del sacramento. Encarnando el sacerdocio de Jesucristo, el padre Mike pudo ofrecer a Dave lo que ningún otro ser humano podría hacer: el perdón de sus pecados a través de la Preciosa Sangre de Jesús. En la celebración que siguió en la Eucaristía, Dave se revistió de nuevo con el fino ropaje de su vestidura bautismal en Cristo. Tengo la confianza de que todo el cielo se alegró del regreso de Dave (Lk 15:22–24) y el propio Dave sintió el gozo y la paz de un corazón libre, habiendo descargado la pesada carga de culpabilidad que había estado acarreando. Se sintió amado y aceptado por primera vez en años, sabiendo que sus peores pecados estaban ahora confesados y a la luz.

Cuando por fin se fue a la cama, Dave estaba demasiado entusiasmado como para dormir. Permaneció despierto, recordando las gracias increíbles del día. Pero su sentimiento de paz pronto se convirtió en angustia y arrepentimiento, al dar sus pensamientos un giro a peor. En este momento de gran victoria, el enemigo del alma vino como un ladrón, intentando robar las potentes gracias del día y acusándole de lo mismo que acababa de confesar. Durante el Sacramento de la Reconciliación, el Espíritu Santo lo asistió para revelar libremente sus pecados, y Dave sintió una liberación inmensa. Pero ahora, la realidad de lo que había confesado le regresó como en un torrente, ahogándolo en una corriente de pensamientos y sentimientos de auto-condena, ayudados por un espíritu pagano de auto-aborrecimiento. Fue bombardeado por recuerdo tras recuerdo de todo lo que había hecho en esos veinte años en las calles, incluyendo actos violentos, robos, y el abandono de su hija. Lo único que podía sentir Dave era un intenso odio hacia sí mismo. Dudando de todo lo que había pasado en esa tarde, se sintió tentado a empacar sus cosas y marcharse. Estos pensamientos acusadores y tentadores continuaron incesantemente: *Nada de esto es real. No pertenezco aquí. Esto no es para mí.*

Finalmente, sin poder soportar los pensamientos atormentantes por más tiempo, se levantó y salió del dormitorio. Sin estar seguro de a dónde iba, se encontró en la capilla frente al sagrario. Arrodillado ante el altar y contemplando la imagen de tamaño real del Jesús resucitado, empezó a discutir con Jesús: *¿Me puedes perdonar después de todo lo que he hecho? No lo merezco. Esto puede ser para todo el mundo, pero no para mí.* Esta diatriba continuó hasta que se agotó a sí mismo. Después de escupir su odio por sí mismo, Dave se acalló y sus pensamientos tomaron un giro más suave. *Piensa en tu familia y cómo te han perdonado y aceptado. ¿De dónde crees que vino esa gracia?* Dave se detuvo en seco. ¿Era Jesús el que le hablaba? Empezó a sentir una extraña paz y la calma invadió su alma de nuevo.

De pronto, Dave se dio cuenta de que todo lo que había experimentado en ese día venía de Jesús, que es el único capaz de aceptar y perdonarnos a cada uno de nosotros. Su muerte en la cruz pagó el precio. Finalmente le estaba entrando. Por primera vez en veinte años, Dave supo que había sido perdonado, amado y aceptado, a pesar de todo lo que había hecho u omitido. Con estas revelaciones, el corazón endurecido de Dave fue traspasado y empezó a sollozar, sacando todo el dolor, culpabilidad, y auto desprecio que había acumulado a lo largo de los años. Era como agua sucia de un grifo, que había estado tupido y ahora fluía y se hacía pura. La misericordia del Padre triunfaba sobre todo lo que él había estado oponiendo tan violentamente.

Cuando me encontré con Dave más tarde ese mismo día, estaba resplandeciente con la gloria de Dios. Me brotaron lágrimas de alegría cuando vi su rostro, lleno de luz y paz. Tenía a mi hermano de regreso. Incluso ahora, me emociono cuando revivo ese recuerdo. Luego, en la noche, cuando tuvimos una oportunidad de sentarnos juntos, compartió con más detalle todo lo que había pasado durante el retiro. Yo no tenía palabras para expresar adecuadamente mi gratitud al Padre. He aprendido desde entonces que la Eucaristía que es la "gran acción de gracias" es la única expresión adecuada. "¿Con qué pagaré al Señor todo el bien que me hizo? Alzaré la copa de la salvación e invocaré el nombre del Señor. . . Te ofreceré un sacrificio de alabanza. . .¡Aleluya!" (Sal 116:12–13, 17, 19).

Como relaté en el anterior capítulo, Dave se convirtió en un hombre nuevo después de su experiencia de CRSP, pero en unos pocos años, se enfermó más y más a causa del VIH. Mientras veíamos a Dave deteriorarse tanto física como mentalmente, nuestra familia oraba ardientemente por su sanación. Pero una noche tuve un sueño en el que sentí al Espíritu Santo decir: Estás pidiendo la sanación de Dave, pero él va a morir con esta enfermedad. A través de su proceso de muerte, toda tu familia recibirá gran sanación.

Sabiendo que Dave estaba cercano a la muerte, mi hermana Margaret y yo viajamos tres horas para visitarle a él y a mi hermano Wayne. Cuando llegamos a casa de Wayne, nos descorazonamos al encontrarnos a Dave en coma. Margaret y yo habíamos esperado tener una última oportunidad de decir adiós a Dave antes de morir. Desalentados y preocupados de que pudiera morir en cualquier momento, llamamos a un sacerdote local (a quien no conocíamos) para conferirle a Dave el Sacramento de la Unción de los Enfermos. Dave permaneció inconsciente mientras el sacerdote oraba por él, y todos participamos. Después de darle las gracias al sacerdote, Wayne, Margaret y yo decidimos ir a correr y planificar el funeral de Dave. La cuidadora de salud se quedó en otra habitación, dejando a Dave solo en el cuarto.

Después de que terminamos de correr y volvimos a la casa, nos sorprendió ver una visión magnífica: Dave estaba totalmente despierto. Trató de levantarse. Le gritamos que esperara y corrimos a su cuarto. Sobrecogidos de alegría de ver a Dave despierto de nuevo, le dimos un fuerte abrazo, mientras celebrábamos nuestra propia experiencia de Lázaro (cf. Jn 11). Dave pasó a contarnos lo que había pasado. Dijo que se encontraba deslizándose hacia la muerte, pero en el momento de la Unción, se encontró con Jesús en el cielo. Jesús le dijo que todavía no era la hora de ir a casa y que tenía algo más que hacer.

Aunque Dave solo vivió otras dos semanas después de recibir el sacramento, esta resurrección de la muerte se convirtió en una profunda sanación para muchos de nosotros en la familia y ayudó a cumplir el objetivo de Dave de ser alguien con Sida para Cristo. Esa misma tarde, la hija de Dave, Sarah (que entonces tenía ocho años) y su madre vinieron a decir adiós. Todos nos conmovimos cuando las vimos interactuar con Dave con ternura y despedirse envueltos todos en una paz sobrenatural.

Cuando se fueron, Wayne, Margaret y yo le dimos un baño a Dave. Nos reímos juntos y sentimos un lazo de amor como nunca antes habíamos sentido. Es un recuerdo que nunca olvidaré, un momento de revivir los baños alegres de nuestra infancia. Al marcharnos, todos expresamos nuestro profundo amor por Dave, sin saber si nos veríamos otra vez de este lado del cielo. Cuando Dave me abrazó, se aferró por un largo tiempo, y dijo: "Este es nuestro mejor momento juntos". Yo estuve de acuerdo. Como resultado de la breve liberación de la muerte de Dave, varios miembros de la familia tuvieron la oportunidad de despedirse de Dave. Durante esas dos últimas semanas de la vida de Dave, mi madre, sus padres, su hermano Sam, y mi hermano Bart pudieron venir a visitar a Dave. El don culmen de la providencia de Dios llegó cuando papá, Margie y yo pudimos estar con él en los últimos minutos de su vida.

Nunca más miraré al Sacramento de la Unción de los Enfermos con indiferencia. Ahora veo sus dos objetivos claramente: 1) la restauración de la salud y, 2) la preparación para el paso a la vida eterna (CIC, 1532).

Desde estos acontecimientos, que ocurrieron hace casi veinte años, he estado creciendo progresivamente en mi aprecio por los sacramentos. Ahora me doy cuenta de que todos los sacramentos son encuentros genuinos con el Señor crucificado y resucitado. Me encanta el modo en que el catecismo define estos almacenes de gracia: "Los sacramentos son 'como fuerzas que brotan' del Cuerpo de Cristo, siempre vivo y vivificante" (CIC, 1116).

Los autores inspirados del catecismo claramente tenían en mente la sanación cuando escribieron esta definición, como indican los pies de página a varios encuentros de sanación de Jesús en el evangelio de Lucas.

Ahora me doy cuenta de que todos los sacramentos son encuentros genuinos con el Señor crucificado y resucitado.

¿Quién no se siente cautivado por las historias de Jesús que sana al paralítico de cuerpo y alma, cuando sus amigos lo bajaron por el tejado (Lc 5:17), o la mujer que tocó la vestidura de Jesús y fue sanada de su larga enfermedad? (Lc 8:46). ¿Cómo podríamos haber creído que los sacramentos eran aburridos? Nada más entusiasmante que estos encuentros con Jesús, nuestro Médico Divino, que cambian la vida y sanan (CIC, 1509).

Pero, a pesar de mi nuevo aprecio por lo que se supone que son los sacramentos, mi corazón todavía está preocupado por la experiencia ordinaria de los sacramentos de muchos en nuestra Iglesia. ¿Cómo reconcilio esta bella comprensión del poder sanador de los sacramentos con nuestras celebraciones típicas en muchas iglesias? Para ser sincero, mi recepción personal de los sacramentos todavía es bastante distinta a los milagros de sanación de Jesús. Cuando leo la Escritura: "Salió el poder de él y los sanaba" (Lc 6:19b), tengo imágenes de Jesús tocando y sanando a muchas personas, espiritual, física, mentalmente y de todas las maneras posibles. Pero luego miro a mis propias experiencias con los sacramentos, y a duras penas encuentro más de unos pocos ejemplos de este tipo de sanación milagrosa. ¿Por qué no vemos más evidencia de este poder que sale en nuestras comunidades y en nuestras vidas personales? ¿Es mi fe aun tan pobre? ¿Se ha dormido el Cuerpo de Cristo y se ha hecho como los pobladores de Nazaret?

En su libro *Evangelical Catholicism*, George Weigel intenta despertar al gigante dormido. Él aprecia totalmente el significado de los sacramentos como encuentros reales con el Jesús crucificado y resucitado; "Los siete sacramentos. . . son siete encuentros privilegiados con el Cristo que es él mismo la expresión sacramental del Dios vivo en el mundo y en la historia. . . la Palabra de Dios que se encuentra en la Sagrada Escritura se encuentra en los sacramentos"[8].

Si los sacramentos son cierta y verdaderamente encuentros de sanación con Jesús, tenemos que preguntar, ¿dónde, en medio de nosotros, están los paralíticos que se levantan y andan? ¿Dónde están los enfermos curados? Cuando empiezo a hacer estas preguntas con el deseo de encontrar la respuesta, encuentro muchos testimonios notables de sanación, que confirman la enseñanza de la Iglesia. Descubro que la presencia vivificante y sanadora de Cristo está particularmente activa en la Eucaristía (CIC, 1509).

> *Si los sacramentos son cierta y verdaderamente encuentros de sanación con Jesús, tenemos que preguntar, ¿dónde, en medio de nosotros, están los paralíticos que se levantan y andan?*

Las historias de los milagros Eucarísticos y las sanaciones abundan a lo largo de la historia de la Iglesia. La hermana Briege McKenna relata muchas historias de sanación durante la celebración de la Eucaristía en su libro *Miracles Do Happen*. Un testimonio que me conmovió particularmente se refería a un niño con quemaduras severas, que fue puesto bajo el altar en una Misa en América Latina y completa y milagrosamente fue curado durante la consagración[9]. Más testimonios notables vienen del padre Robert DeGrandis y Linda Shubert, en su libro, *Sanación a través de la Misa*, incluyendo este de Irlanda:

> Un sacerdote. . . explicó en la reunión de 1,000 personas que Jesús estaba total y enteramente presente en la

Eucaristía y que al recibir su Cuerpo y Sangre podíamos esperar sanar de nuestras enfermedades. El sacerdote enfatizó la necesidad de los católicos de creer plenamente en su presencia, su poder y su deseo de curar. Durante la comunión, personas enfermas y paralíticas empezaron a saltar de sus sillas. Vi con mis propios ojos a una madre llorar cuando se curó la ceguera de su bebé. Los periódicos informaron de historias de ancianas saltando de sus sillas de ruedas y muchas enfermedades variadas se sanaron[10].

Vemos en estos relatos el mismo tipo de imágenes a las que alude el catecismo: el poder de Jesús, que está verdaderamente presente en los sacramentos, brotando para sanar a muchos cuando la gente pone su fe en él.

Los cristianos de todo el mundo dan testimonios de sanaciones que han experimentado a través de los sacramentos. Muchos de ellos no son católicos, pero así y todos tienen un profundo respeto por las gracias inherentes en los sacramentos. Un ejemplo viene del ministerio de Rolland y Heidi Baker. Dan testimonio de las asombrosas manifestaciones del poder sanador de Cristo en su iglesia en Mozambique, África, especialmente durante la Santa Comunión y el Bautismo. ¿Qué sanación más grande puede haber que la que ocurre en todo Bautismo, cuando una nueva alma nace para la vida eterna? No sólo vemos los signos externos a través de los rituales de agua, unción y exorcismo. De vez en cuando, Dios da evidencias de la sanación que está ocurriendo. Personalmente conozco a una mujer curada de sordera cuando fue bautizada.

En su libro *There is Always Enough*, los Bakers ofrecen un asombroso ejemplo de la sanación de una niña a través del Bautismo. Yo me conmoví hasta las lágrimas al leer su trauma antes de ser adoptada por los Bakers. Huérfana cuando tenía cinco años cuando sus padres fueron asesinados brutalmente, estaba tan traumatizada que no podía hablar. Así relatan los Bakers su Bautismo: "Cuando salió del agua, nos sonrió por primera vez. Su rostro irradiaba la gloria de Dios. Aquel día de pronto empezó a hablar. . . Más adelante nos contó que había visto cómo habían fusilado a sus padres y los habían decapitado. . . Pero Jesús vino a ella en el agua bautismal y cambió su duelo por alegría"[11]. Estos acontecimientos milagrosos están ocurriendo en todas partes del mundo, confirmando la presencia real y vivificante de Jesús en los sacramentos, para toda su Iglesia. Gloria al Padre, al Hijo y al Espíritu Santo. Pero, a pesar de todos estos acontecimientos milagrosos, quizá ustedes se estén preguntando, como lo he hecho yo, ¿cómo se aplica esto a nuestras vidas ordinarias cotidianas? ¿Cómo podemos apropiarnos de la gracia de los sacramentos sin tener que ver milagros todo el tiempo? Jesús le dijo a Tomás, "Bienaventurados los que creen sin haber visto" (Jn 20:29b).

TOMA UN MOMENTO

- ¿Cuál es tu reacción cuando lees estas experiencias de sanación sobrecogedoras?
- ¿Has experimentado la sanación en un área específica de tu vida a través de los sacramentos?

Las sanaciones y milagros visibles de Jesús son manifestaciones admirables que edifican nuestra fe en lo que no podemos ver con nuestros ojos naturales. Pero, más que cualquier otra cosa, sirven como signos de una sanación mayor—nuestra redención de los efectos del pecado original. Ya hemos indicado que la sanación y redención son sinónimos. Nuestra necesidad más desesperada de sanación se refiere a nuestras heridas más profundas, las que son consecuencia de nuestra separación de Dios. Todo lo que se ha quebrado por el pecado necesita ser sanado y restaurado. Según el papa Benedicto XVI, esta es la mayor sanación que tiene lugar a través de los sacramentos: "La esencia del pecado original es la separación en individualidades. La esencia de la redención es la reconstrucción de la imagen rota de Dios, la unión de la raza humana a través de Quien (Jesucristo) que está por nosotros y en quien somos uno. . . la unión es redención"[12].

La sanación es comunión. La gracia sacramental es el poder de Cristo que nos lleva de regreso a la comunión con el Padre y unos con otros, a través del Espíritu Santo (CIC, 1153). En la gran sabiduría de la Iglesia, se cumple que toda sanación personal ocurre en el con-

Las sanaciones y milagros visibles de Jesús son manifestaciones admirables que edifican nuestra fe en lo que no podemos ver con nuestros ojos naturales.

texto de una sanación más amplia, la sanación de las relaciones en la familia, la iglesia y la sociedad. Esta sanación de relaciones más amplia ocurre, en parte, a través de lo que la Iglesia llama los "Sacramentos al servicio de la comunión" (CIC, 1534): el Orden Sagrado y Matrimonio. El sacerdocio y el matrimonio son dos lugares importantes donde la imagen de Jesús se revela al mundo (Ef 5:21–32).

Estos sacramentos son una parte tan ordinaria de nuestra vida que a menudo la damos por hecha. No les prestamos mucha atención hasta que no los tenemos. Cuando mis padres se divorciaron y su matrimonio fue más tarde anulado, me di cuenta de la importancia de una buena preparación matrimonial, a fin de que las parejas casadas puedan establecer un fundamento seguro el uno para el otro y para sus hijos.

Creo que, de manera similar, damos por hecho el Sacramento del Orden Sagrado, hasta que nos quedamos sin el sacrificio diario de nuestros obispos, sacerdotes y diáconos. Cuando tenemos escasez de sacerdotes, nuestras parroquias se cierran y los sacramentos están menos disponibles; solo entonces empezamos a apreciar el don que se nos ha dado en estos hombres que han entregado sus vidas por nosotros en el nombre de Cristo.

Nuestra indignación pública y personal acerca de sacerdotes deshonrosos pone de manifiesto cuánto valoramos este sacramento sin saberlo. Los escándalos del abuso sexual por clérigos de hecho revelan la gran dignidad del sacerdocio. El abuso sexual es una horrible traición de la confianza y la inocencia, que está ocurriendo en todos los sectores de nuestra sociedad, en la escuela, en la vida familiar y en nuestras iglesias. Nos sentimos justamente indignados por el daño cometido. Pero dense cuenta de que, cuando es el clero el que está implicado, crece nuestra indignación. Las noticias se convierten los titulares principales en nuestros telediarios. ¿Por qué? Creo que es porque consideramos la traición de un sacerdote como la traición más grande en la sociedad. Tanto si somos conscientes o no, todos vemos al sacerdote como imagen de Cristo. Quizá no lo admitan, pero sus acciones lo demuestran. ¿Por qué, si no juzgarían al sacerdote con un standard más alto y merecedor de mayor desprecio cuando se viola tal standard?

Con todo esto en mente, revisitemos los comentarios del papa Francisco sobre los sacramentos: "La gracia contenida en los sacramentos de Pascua es una fuente de fortaleza enorme para la renovación de la vida personal y familiar, así como las relaciones sociales".[13] ¿Te das cuenta de lo críticos que son los sacramentos para nuestra sanación total? Se trata de algo más que de ver milagros de sanación. Es el fortalecimiento diario del orden social que subyace a nuestras vidas. Cuando estos fundamentos de la vida social disminuyen en valor, las relaciones sociales fallan en proporción directa. A medida que la sociedad sigue deteriorándose en sus valores morales, el quebrantamiento y divisiones de la Iglesia la mantienen impotente en su mayor parte. El amor redentor de Cristo, manifestado a través de los sacramentos, se debilita y se hace ineficaz.

Es por eso que el movimiento del Espíritu Santo que trae la unidad y la vida de regreso a la Iglesia es tan crucial en esta hora. Solamente en unión y a través de la gracia de los sacramentos se levantará de nuevo la Iglesia y se convertirá en el agente de sanación que le ordenó Jesús que fuera. Y solamente a través de la restauración de la Iglesia puede nuestra cultura restaurar la vida familiar al lugar designado por Dios, proporcionando seguridad, fomentando la madurez y cultivando la pureza. Todo esto es mucho más grande que nuestra sanación individual. Los sacramentos son la sanación de Dios ofrecida a toda la persona, toda la familia, toda la Iglesia y todo el mundo.

¿Cómo pude haber pensado que los sacramentos son algo ordinario? No hay nada aburrido en los sacramentos. Son auténticos poderes que surgen del cuerpo de Cristo, no sólo para nuestra sanación individual, sino también para la sanación de todas nuestras relaciones y de la sociedad en general. No son ritos mágicos, sino poderosos encuentros de sanación con Jesús. Estas potentes gracias nos están disponibles en todo momento.

TOMA UN MOMENTO

Haz una pausa y trata de imaginar tu vida sin los sacramentos.

- ¿Cómo sería distinta tu vida sin los sacramentos? ¿Cómo afectaría eso a tu vida eterna?

- ¿Encuentras a Jesús en los sacramentos? Explica por qué o por qué no.

- Crea una lista de cosas que te ayudarían a estar más abierto a recibir estas gracias sanadoras en tu vida.

La oración persistente, fortificada por una relación íntima con Jesús, es la clave para abrir nuestros corazones a recibir las gracias abundantes inherentes en los sacramentos. Esto será nuestro énfasis en el siguiente capítulo: "Oración sanadora".

CAPÍTULO DIEZ

ORACIÓN DE SANACIÓN

*Jesús ha despertado grandes esperanzas. . . Ha mostrado
el rostro de la misericordia de Dios, se ha abajado para
sanar cuerpo y alma.*

Papa Francisco
Domingo de Ramos, 2013

Hechos de los Apóstoles comienza con los discípulos ocultos en el
Cenáculo, en oración. Después de nueve días de intercesión concer-
tada, el Espíritu Santo desciende sobre ellos, manifestando su poderosa presencia en y a través de ellos. En una mañana sorprendente,
el mundo cambia para siempre, cuando el Evangelio se proclama a
representantes de todas las naciones. Nuestra propia fe es el resultado
de la gran cosecha que comenzó en ese día.

Como resultado de este encuentro con el Espíritu Santo las vidas
de los discípulos se transformaron radicalmente. Como constató el
papa san Juan Pablo II en *El esplendor de la verdad*, el Espíritu Santo los
capacitó y les dio valentía para todo lo que se les iba a pedir. "Fortalecidos por este don, no temieron las prisiones o las cadenas por
el nombre del Señor; de hecho, pisotearon los poderes y tormentos
del mundo, armados y fortalecidos por él, teniendo en sí mismos los
dones que el mismo Espíritu concede y dirige como joyas a la Iglesia,
la Esposa de Cristo"[1].

Las joyas a las que se refiere el papa Juan Pablo II son los dones del Espíritu, que se conceden no sólo a los discípulos, sino a todos nosotros también. La Iglesia fue edificada, y sigue siendo edificada sobre estos dones de capacitación sobrenatural. Entre estos dones espirituales están los dones multiformes de sanación y milagros (1 Cor 12:9). Cuando los discípulos oraban por los enfermos, éstos eran sanados. Incluso llamaban a los muertos a la vida según habían visto hacer a su Maestro. Sabían que no era por su propio poder el hacer esto, pero confiaban en el nombre de Jesús y en el poder del Espíritu Santo obrando a través de ellos.

En Pentecostés el Espíritu Santo bajó sobre los discípulos en lenguas de fuego. Este fuego es el amor ardiente de Dios y el poder transformador de la vida que sigue ardiendo en la Iglesia hoy[2]. Tanto si nos damos cuenta de ello o no, este fuego es el anhelo de todo corazón humano. En palabras del papa Benedicto XVI, "la sed del hombre clama por el Espíritu Santo"[3].

¿No anhelan ustedes a vivir este mismo tipo de vitalidad y valentía que tenían los apóstoles después de Pentecostés? El fuego del amor de Dios y su poder ya están depositados en nosotros en virtud de nuestro Bautismo y Confirmación. De hecho, el catecismo llama al Sacramento de la Confirmación "un derramamiento pleno del Espíritu Santo concedido a los apóstoles en el día de Pentecostés" (CIC, 1302). Y el padre Raniero Cantalamessa añade, "La fuerza que es el Espíritu Santo todavía ahora viene de Jesús. . . el poder sana *a todos*"[4].

Que esas palabras te inspiren y te desafíen. Tenemos los mismos dones que los apóstoles después de Pentecostés. En todo lugar en que se le abra la puerta de nuestros corazones al Espíritu Santo, el amor de Dios nos sana y nos lleva a nosotros y a los demás a una libertad mayor (2 Cor 3:17). Como los primeros discípulos, nosotros también somos llamados a ir cerca y lejos como sus representantes, inflamados por el fuego que arde dentro de nosotros. Somos llamados a incendiar las naciones con el amor de Dios y a permitir que ese fuego purificador queme todas nuestras enfermedades, llevando la luz de Dios a la oscuridad más profunda que habita en los corazones humanos (Mc 16:17–18; Is 61:1–4).

Tenemos los mismos dones que los apóstoles después de Pentecostés.

Aunque lleno de fuego y pasión, el Espíritu Santo también es una suave fuerza. No se impondrá; debe ser bienvenido y recibido. Dense cuenta de que antes de que se diera en don en Pentecostés, Jesús les dijo a los discípulos que prepararan sus corazones. Esperaron al Espíritu Santo en oración. No podían ganarse ni manipular este don, pero su participación fue vital. Al estudiar este relato, destacan tres elementos de su cooperación, ya que también están presentes en todas las oraciones por la sanación.

1. Los discípulos confiaron en Jesús y siguieron sus instrucciones.
2. Oraron desde lo más profundo de su corazón (ver CIC, 2562–63).
3. Estaban unidos en mente y corazón (Fil 2:1–2).

Los discípulos no se quedaron sentados esperando pasivamente, sino que suplicaron activamente a los cielos que enviaran al Espíritu Santo, dedicando sus voluntades en fe expectante y confiando plenamente en la promesa de Jesús. ¿No es eso de lo que trata la Iglesia? Y, sin embargo, ¿cuál es nuestra postura estándar? A menudo nos parecemos a los discípulos de Jesús antes de Pentecostés, cuando les costaba creer que Jesús de verdad quería decir lo que decía. ¿Confiamos de verdad en sus palabras cuando dice, "Si piden algo en mi nombre, yo se lo daré" (Jn 14:14)? Como consecuencia directa de negar el poder de Dios disponible para nosotros en Cristo, nos falta fe y por tanto dejamos de orar. Cuando oramos, a menudo es a medias.

Creo que una de las razones por estas medias tintas es nuestra falta de esperanza y confianza en que Dios nos escuchará, que responderá cuando le llamamos. A veces tememos que el Padre no nos dé lo que hemos pedido. Después de todo, no todos son sanados cuándo y cómo lo esperamos.

Ceder al Espíritu en oración es siempre una experiencia de vulnerabilidad. Se parece a lo del hombre al borde de un barranco, agarrado
a una rama. Dándose cuenta de que no tiene opción, llama a Dios para
que le salve. Cuando escucha una voz de abajo que le dice, "Déjate
caer", pregunta, "¿Hay alguien más ahí?". Podemos reírnos, pero a
menudo somos como ese hombre. Le pedimos ayuda a Dios, pero a
veces parece que nos aterroriza dejar nuestras propias agendas y control. Como compartí en el capítulo 3, orar por la sanación nos puede
desafiar hasta lo más profundo. Debemos continuamente dejar ir y
dejar a Dios, sin garantías que las personas a las que estamos sirviendo
reciban la sanación que tan desesperadamente necesitan y desean.

Cuando las oraciones por la sanación parecen no ser respondidas

Incluso los más ungidos con dones de sanación conocen el dolor de
orar por alguien y que no se sane. En su libro *The Power to Heal*, Francis MacNutt calcula que alrededor de 25 por ciento de las personas
con las que ora experimentan sanaciones radicales y casi instantáneas,
mientras que otro 50 por ciento informan que están experimentando
una sanación parcial. ¿No es sorprendente el que 75 por ciento reciban
algún tipo de sanación[5]? Pero ¿qué ocurre con el otro 25 por ciento
que se van con sus esperanzas hechas añicos? Sé por experiencia lo
difícil que puede ser esto para todos los implicados.

Este año pasado, me invitaron a orar por dos personas con cáncer
terminal: una era una niña de seis años con un tumor cerebral; la otra
una madre de una gran familia, que escolarizaba a sus hijos en casa.
Ambas eran demasiado jóvenes para morir, y ambas tenían familias que
desesperadamente querían y necesitaban que vivieran. Pero a pesar
de todas nuestras esperanzas y muchas oraciones, murieron ambas
personas objeto de nuestras oraciones. Sus familias, todavía llorando
la muerte de sus seres queridos, se quedan preguntándose por qué
Jesús no las sanó. Después de experiencias como éstas es una tentación
dejar de orar, pensando que es demasiado arriesgado, o una pérdida

de tiempo. Pero he aprendido a confiar en que donde está presente el amor de Dios, la sanación siempre tiene lugar.

En ambas situaciones, podremos haber perdido la batalla contra el mal del cáncer, pero Jesús al final salió victorioso. Los padres de la niña que moría recibieron una sanación interna profunda y experimentaron la venida del Espíritu Santo en nuestro tiempo de oración juntos. Antes de que muriera la mujer, ella y su esposo experimentaron una bella sanación en su relación matrimonial durante nuestro tiempo de oración. La mayor sanación de todo vino de un modo que ninguno de nosotros podría haber visto con nuestros ojos humanos; las dos receptoras de la oración acabaron encontrándose con Jesús cara a cara en el cielo. Esta es la sanación definitiva. El enemigo ganó dos batallas, pero en el más amplio panorama, Jesús venció sin lugar a duda.

Lo que he aprendido en situaciones como éstas es a mantener mi centro en Jesús. Si estamos escuchando la voz de nuestro Buen Pastor, él nos guiará a cómo orar por otros. Incluso cuando no vemos los efectos inmediatos de nuestras oraciones, tenemos que seguir orando, a no ser que Jesús nos diga que lo dejemos (asumiendo que él primero nos inicie a orar). Muchos de entre el 75 por ciento mencionado por Francis MacNutt que no reciben una sanación inmediata, podrían sin embargo ser sanados cuando nosotros perseveramos en oración.

Perseverancia en la oración

Jesús enfatizó la necesidad de que perseveremos en la oración hasta recibir una respuesta (Lc 18:1–8) exhortándonos a pedir y seguir pidiendo, buscar y seguir buscando, llamar y seguir llamando (Lc 11:9). Jesús mismo tuvo que orar con un ciego en concreto más de una vez (Mc 8:22–26) y muchos de nosotros que estamos en el ministerio de sanación nos damos cuenta de que la oración repetida, en lugar de reflejar falta de fe, produce resultados sorprendentes.

Recuerda a Daniel en el Antiguo Testamento, que oró durante veintisiete días antes de recibir su respuesta del mensajero del Señor; "No temas, Daniel. . . desde el primer día. . . tu oración fue escuchada. Por eso, Sali, pero el príncipe del reino de Persia se em interpuso durante veintiún días, hasta que finalmente Miguel, uno de los príncipes, vino a ayudarme" (Dn 10:12-13)

Dios escuchó la oración de Daniel inmediatamente, pero éste no recibió su respuesta por veinte días, después de una batalla espiritual considerable. Como Daniel, cuando entramos en oración, también estamos metidos en una lucha espiritual (Ef 6:12; CIC, 2725). Dios responde a nuestra oración de sanación rápidamente, pero su respuesta a menudo es suspendida momentáneamente por el enemigo que trata de mantenernos en esclavitud bajo su control y nos tienta a renunciar a la esperanza. Después de estar con Jesús, los discípulos aprendieron bien esta lección. Entendieron que la sanación implicaba liberar a los oprimidos por el demonio (Hechos 10:38). Recuerden, tras todas nuestras explicaciones científicas, el mal está en la raíz de todo lo que nos aflige. Francis MacNutt añade a esta comprensión de por qué necesitamos perseverar en oración: "Esto se ha hecho totalmente claro: la oración para la sanación es a menudo un proceso. Requiere tiempo"[6].

> En todos nosotros hay áreas en las que la enfermedad, el agotamiento y la muerte están obrando espiritual, emocional y físicamente. Pero cuando otro cristiano o comunidad se reúne a orar, la vida, el amor y el poder sanador de Jesús se pueden transmitir a la persona enferma. Si hay mucha enfermedad. . . puede llevar tiempo para que el poder irradiador de Jesús empiece a disolver la dolencia. Es como el tratamiento de radioterapia de Dios[7].

Al dar un paso al frente en fe, podemos estar seguros de que nuestro Padre dará buenos dones a sus hijos. Cuando pedimos un pescado no nos dará una serpiente (Lc 11:11-13). Con esta confianza, somos capaces de persistir en la oración, creyendo que la sanación vendrá, tanto si es rápidamente como si es más gradualmente.

Yo vi los asombrosos resultados de la oración persistente pocos meses antes de ir a Brasil. Con un pequeño grupo de cristianos en nuestra comunidad cristocéntrica de Reconstrucción Familiar, descubrí que dos de las mujeres presentes habían estado en un equipo de oración en Londrina, Brasil, la misma ciudad de mi futuro viaje misionero. Una mujer, Sally, que acababa de regresar del viaje de misión, mostró una foto de una niña que había sido curada de espina bífida. Luego contó cómo ella se había sentido conducida a orar persistente y consistentemente por esta niña durante dos días, diez horas cada día.

No sé si yo habría tenido la fe o la perseverancia de rezar tanto tiempo, pero de alguna manera, por la gracia de Dios, ella sí. Y la consecuencia fue un asombroso milagro de sanación. Después de veinte horas, la joven fue completamente curada y su columna vertebral quedó completamente restaurada. Cuando Sally pasó la foto y compartió la historia con nuestra comunidad, todas las personas en la habitación se gozaron de ver la sonrisa exuberante de la niña. Pero me di cuenta cuando miré alrededor, que una mujer estaba llorando, no de tristeza, sino de asombro y gratitud a Jesús. No podía creer lo que estaba viendo y oyendo. Esta mujer, Brenda, pasó a contarnos que un año antes, cuando estuvo en Brasil, había orado durante horas por la misma niña. Se conmovió tanto con esperanza y fe por esta preciosa niña, que había llevado la foto a casa y la había puesto en el refrigerador, orando por ella todos los días durante un año y creyendo que se curaría.

Una oración que pide una acción extraordinaria debe ser una oración que nos implica a todos, como si nuestra propia vida dependiera de ella. En la oración, tienes que ponerte a ti mismo a prueba.

Estas mujeres tenían el mismo espíritu de lucha que parece tener el papa Francisco, como nos exhortó a todos en una homilía de un día de diario a desarrollar este tipo de perseverancia en la oración. "Una oración que pide una acción extraordinaria debe ser una oración que nos implica a todos, como si nuestra propia vida dependiera de ella. En la oración, tienes que ponerte a ti mismo a prueba"[8].Este tipo de perseverancia es un don maravilloso de gracia. No viene natural ni fácilmente. En mis años de orar con las personas y en mi propio camino personal de sanación, he descubierto que muchos de nosotros pierden la esperanza fácilmente. Parte de la razón de nuestra resignación es que acabamos por encontrarnos con impedimentos que bloquean la gracia invocada en nuestras oraciones.

Barreras a la sanación

¿Recuerdas cómo muchas de las historias de sanación en todo este libro implicaban barreras que había que superar? Por ejemplo, cuando mi equipo y yo oramos por las dos mujeres de Brasil que habían sufrido abusos sexuales, descubrimos muchas de las fortificaciones invisibles que, sin darse cuenta, habían construido estas mujeres para proteger sus corazones rotos. Estos impedimentos a su sanación se formaron, a veces inconscientemente, a través de promesas internas, juicios y mentiras de identidad, cubriendo sus heridas de vergüenza, desesperanza y abandono. De manera parecida, la niña con la pierna lesionada en el accidente tenía barreras de miedo y de falta de perdón que tenían que ser tratadas antes de poder recibir las gracias de nuestras oraciones. En la situación de John, las barreras a su sanación implicaban su incapacidad y falta de voluntad de enfrentarse al dolor profundo del abandono, además de juicios, promesas y mentiras de identidad. Cada una de esas situaciones requería perseverancia en la oración y docilidad al Espíritu Santo que nos mostró cómo superar estos obstáculos en la oración.

Superar obstáculos en la oración

En el proceso de orar por nosotros mismos y por los demás, regularmente tenemos que enfrentarnos al "ladrón y asaltador" que viene en busca del rebaño de Jesús a robar, matar y destruir (Jn 10:1–4). Nuestras mentes y corazones son a menudo el principal campo de batalla[9]. La batalla más difícil en la oración surge en relación a las fortificaciones que ya se han asentado firmemente dentro de nosotros, en nuestras propias mentes y corazones. Tanto los siete pecados capitales como las siete llagas capitales dan al enemigo autoridad sobre áreas específicas de nuestras vidas. Estas fortificaciones de voluntad y auto-protección, apuntaladas por nuestras convicciones y promesas, al final se expresan en conductas de maladaptación y mala salud.

Para que sea eficaz, la oración de sanación debe arrancar de raíz las mentiras de identidad específicas y otras barreras que mantienen en pie estas fortificaciones[10]. Por eso pasamos tanto tiempo yendo por una descripción detallada de las fortificaciones en la parte dos.

TOMA UN MOMENTO

Detente a recordar un momento y reflexiona sobre la anatomía de una herida que se da en el capítulo 7. ¿Recuerdas los tres círculos concéntricos de la figura 7.1 (p. 113)?

- ¿Cuáles son tus heridas centrales? ¿Puedes escribir las convicciones de identidad que se asocian con ellas?
- ¿Qué juicios hacia ti mismo, otros y Dios descubriste?
- ¿Fuiste capaz de ver en qué lugares hicíste promesas internas para protegerte a ti mismo?

Cada una de esas barreras puede impedir que recibamos la sanación que deseamos y que Dios desea para nosotros. Los siguientes ejemplos ilustran:

- Si tienes una herida de *abandono*, es muy posible que tengas una convicción profunda de que nadie te escucha ni te comprende. Mi experiencia sugiere que, en el fondo, podrías también creer que Dios te ha abandonado y no escucha tus oraciones. Si es ése el caso, podrías orar solamente a medias, o darte por vencido cuando te encuentras con el más mínimo signo de resistencia o retraso. Mientras tanto, podrías estar racionalizándote esto a ti mismo con pensamientos como: *Quizá Jesús no quiere sanarme de esto*. Pero, si escuchas atentamente al Espíritu Santo, te darás cuenta de que estos son engaños acechando en la oscuridad y desalentándote de la oración.

• Supón que en tu experiencia de abandono, hiciste una promesa interna: *No buscaré la ayuda de nadie. Cuidaré de mi mismo*. Con esta silenciosa decisión, quizá formada en tu corazón desde la infancia, quizá ni siquiera pienses en orar. En cambio, quizá trates de solucionar las cosas por ti mismo, tratando de lidiar con lo que te afecta.

Yo me encuentro a menudo estas barreras en la oración, en mí mismo y al orar por otros. Un ejemplo típico de eso ocurrió hace varios años cuando estaba orando con una mujer que había nacido de una relación extramatrimonial. No sabía quién era su padre y más tarde se enteró de que su madre había sido violada. La hija, casada y con hijos propios, había albergado grandes heridas de rechazo y abandono toda su vida. Creía que era un "error" y "sucia" por cómo fue concebida. Nunca se sintió amada o querida, sino que siempre sintió que había arruinado la vida de su madre y por tanto de todos los demás. Estas mentiras de identidad la mantenían atada por la vergüenza.

Cuando le pedimos al Espíritu Santo que nos mostrara las raíces de sus heridas, se le mostró una visión (en su imaginación) de su madre siendo violada. Al mirar la escena como observadora imparcial, se dirigió su atención al cielo donde vio una paloma (representando al Espíritu Santo) que descendía del cielo y llevaba vida a la herida de su madre. Al instante, se dio cuenta de que incluso si había sido concebida por el pecado de su padre, estaba definitivamente viva por la elección y el poder de Dios. Por primera vez en su vida, creyó en su corazón que era un don del Señor y Dador de Vida. El Espíritu Santo luego le mostró muchas cosas sobre su propósito, destino y el futuro de su familia en el cielo.

Al final de la experiencia de oración, volvimos y comprobamos si todavía creía las mentiras de identidad que la habían acosado toda su vida. Al examinarlas, descubrimos que las mentiras sobre su concepción habían desaparecido completamente. Los siete signos de sanación que se muestran en la table 10.1, que se pueden usar como modo de comprobar la validez de la oración de sanación interna, eran evidentes en su vida, reemplazando las mentiras y heridas de identidad.

Table 10.1. Señales de Sanación

SIETE HERIDAS CAPITALES	SIETE SEÑALES DE SANACIÓN
Abandono	Conexión y comprensión
Rechazo	Aceptación y valoración
Temor	Seguridad y confianza
Vergüenza	Pureza y dignidad
Impotencia	Capacitación y liberación
Desesperanza	Esperanza y ánimo
Confusión	Claridad e iluminación

Esta mujer supo en su corazón, sin sombra de duda, que Dios la quería viva y que no era un error; se sintió *conectada y segura*, con un nuevo sentido de su propia *pureza y libertad*. Salió del rato de oración con una *esperanza y claridad* renovadas. Después de recibir su sanación, supo que su vida era voluntad de Dios. Vio claramente cómo el Espíritu Santo había obrado incluso en el pecado violento de su padre, para traerla a ella al mundo. También supo que era amada y querida por su Padre celestial, su esposo, sus hijos y otros muchos. Por primera vez, su vida tenía propósito y significado. Incluso si esta mujer aún luchó en otras áreas de su vida después de esta oración, esta fortificación concreta se rompió y fue libre de dar y recibir amor de un modo nuevo, con una alegría y esperanza renovadas. Con una libertad y confianza crecientes, pudo ahora orar al Padre y creer que él escuchaba y respondía a sus oraciones.

Todos deseamos este tipo de fruto en nuestras vidas, ¿no? Queremos saber que somos amados y aceptados, comprendidos y conectados con las personas a las que amamos. Queremos vivir con una mayor esperanza y libertad y tener visión y claridad en nuestras vidas. Anhelamos liberarnos de las fortificaciones de nuestras vidas que son producto de nuestras heridas y pecados capitales. En suma, queremos llegar a un conocimiento más profundo de nuestra identidad como amados del Padre y dar y recibir amor con una libertad mayor.

El Padre no nos ha dejado huérfanos, viviendo en el temor servil y la autosuficiencia. Nos ha concedido el don inapreciable de la oración, el acceso a su corazón en cualquier momento del día o de la noche. Quiero invitarlos ahora a considerar un momento en que recibieron sanación de su identidad por un encuentro con Jesús en la oración.

TOMA UN MOMENTO

Reflexiona sobre un área de tu vida en que experimentaste sanación.

- Describe la identidad que creías antes de la experiencia de sanación.
- ¿Cómo te respondió Jesús?
- ¿Hubo barreras que superar? ¿Cuáles fueron?
- Después de la experiencia de sanación, ¿cómo se manifestaron los siete signos de sanación en tu vida?

Las muchas formas de oración

La sanación no depende de un método concreto o de una forma de oración. El único requisito es un corazón abierto y nuestra voluntad de ser dóciles al Espíritu Santo. "Las Sagradas Escrituras hablan a veces del alma o del espíritu y con más frecuencia, del corazón. . . Es el corazón el que ora. . . sólo el Espíritu de Dios puede sondearlo y conocerlo. . . Es el lugar del encuentro" (CIC, 1562–2563).

El encuentro sanador con Jesús, en el poder del Espíritu Santo, puede tener lugar a través de diversos métodos de oración. En su libro New Outpouring of the Spirit (Nuevo descenso del Espíritu) el cardenal Ratzinger (el papa Benedicto XVI), mostró cómo los diversos movimientos de renovación en la historia de la Iglesia han animado a los fieles a mantenerse continuamente abiertos a las diversas manifestaciones del Espíritu Santo. Como resultado, estos movimientos revitalizan nuestras oraciones. Cada uno de esos movimientos ha aportado distintas luces y métodos de oración, apoyados en los fundamentos básicos que se han practicado en la Iglesia a través de su historia (ver CIC, 559; CIC, 2721).

Por ejemplo, los jesuitas tienen su propio modo de enseñarnos cómo orar, que es distinto del de los carmelitas, y el método de los carmelitas a su vez es distinto del de los dominicos, los salesianos, etcétera. En tiempos recientes, los movimientos carismáticos y litúrgicos también han ofrecido a la Iglesia muchas formas y métodos nuevos de oración, mientras que se mantienen los tradicionales. Juntos, esos movimientos constituyen la rica tradición de la Iglesia mientras que se mantienen siempre dóciles al Espíritu Santo. Encuentro que es útil tomar prestado de todos esos movimientos de oración asegurándonos que permitimos que sea el Espíritu Santo quien dirija, sin atarnos demasiado a un método concreto.

Una experiencia de oración personal mía ilustra cómo estos diversos métodos de oración se pueden emplear juntos, con la guía del Espíritu Santo. En este ejemplo específico, el Señor estaba mostrándome algunas de las raíces que alimentaban mi orgullo, pero de una manera tan suave que ni siquiera me daba cuenta de que estaba realizando esta delicada operación quirúrgica en mi alma. Empecé por sentirme atraído a un tiempo de *oración de escucha*, donde me encontré con Jesús en las escrituras. Reflexioné sobre las luces que recibí del Espíritu Santo, escribiéndolas en un diario. Al prestar atención a los diversos pasajes, uno en particular me llamó la atención, de la carta de Santiago: "Dios resiste a los soberbios, y da su gracia a los humildes" (Stgo 4:6b). De ahí, el Espíritu me llevó a muchos otros pasajes sobre la soberbia y la humildad; muchos que ha había leído antes, pero esta vez me hablaban de una manera nueva, al empezar a reflexionar sobre ellos en oración de meditación.

Cuando estaba escribiendo el diario, tuve una "interrupción" de una llamada telefónica de mi amigo Wyatt, que estaba en un viaje de negocios. Me dijo que había estado orando por mí (oración de intercesión) y compartió algunos de los pasajes de la escritura que estaba recibiendo. Pueden imaginárselo: el Espíritu Santo le había conducido a algunos de los mismos pasajes de la Escritura que yo había estado recibiendo en mi tiempo de oración. Cuando colgué, regresé a la oración, dando gracias al Padre por mi buen amigo y confirmando lo que había estado recibiendo en la Escritura de diario con tanta claridad. En medio de mi oración (de agradecimiento), tuve otra "interrupción", pero esta vez en forma de una imagen que me vino a la mente inesperadamente (oración de contemplación).

La imagen que recibí del Espíritu Santo me reflejaba corriendo en un circuito con una multitud de gente animándome. Me sorprendió esta imagen y pensé que el Señor la estaba usando para revelar las raíces específicas de mi soberbia, ya que los deportes habían sido una de las áreas de mi idolatría. Pero al continuar mirando y escuchando, me di cuenta de que este no era en absoluto el mensaje; el atletismo era mi deporte menos favorito y pocas personas iban a ver nuestras carreras.

Al continuar buscando el significado de esta imagen, sentí que el Espíritu Santo me estaba pidiendo que mirara a la multitud. Cuando lo hice, vi (en mi imaginación inspirada) a la "gran nube de testigos" (Heb 12:1). Rápidamente me di cuenta de que el circuito representaba el camino de mi vida; estaba corriendo la carrera de la fe y siendo liberado de "la carga del pecado que se nos pega" (Heb 12:1). Tuve un conocimiento interno de que entre "la nube de testigos" la Trinidad, los ángeles y los santos, y mis familiares en el cielo estaban todos presentes, animándome y orando por mí (oración de intercesión).

Ahora gozándome en la presencia de la gloria de Dios, me sentí completamente amado y aceptado por primera vez en la vida. En ese breve instante, sentí la ausencia completa de la soberbia. Los siete signos de sanación estaban presentes. Me sentí *capacitado y puro*, lleno de *esperanza y comprensión*, y *profundamente conectado* como nunca en mi vida. Fue un gusto real del cielo. No tenía necesidad de impresionar a nadie ni conseguir la aprobación de nadie, ya que me sentía totalmente *aceptado y valorado* en su presencia. Este amor incondicional, entregado como puro don, no podía haber sido ganado por ninguna de mis actuaciones, dones o talentos.

A la luz de este encuentro, me hice consciente de algunas de las heridas más profundas tras mis pecados de soberbia y vanagloria. Estas heridas de rechazo, vergüenza y abandono me había perseguido casi toda mi vida. Al creer que no era amado ni agradable, y que estaba solo, inconscientemente escogí el orgullo como un intento vano de hacerme digno de amor. Escondí mis temores y mi ineptitud tras mis capacidades. En este momento, me di cuenta de que todo era vanagloria.

Esta experiencia de oración fue un gran descubrimiento. Era mi primera experiencia consciente de oración contemplativa, y llegó como gracia total. El experimentar la liberación de todas esas fortificaciones, me dio una mayor hambre y sed del cielo, donde somos amados plenamente y nunca estamos solos. Me di cuenta en ese momento de que en el cielo no tendré soberbia. Todo comenzó cuando seguí la iniciativa del Espíritu Santo en la oración, sacando de la Escritura y del escribir diario lo que me estaba mostrando. ¿Te gustaría probarlo?

TOMA UN MOMENTO

Te invito ahora a pasar algún tiempo en oración. Deja que el Espíritu Santo te conduzca a un encuentro con Jesús y con el Padre. Si no sabes por dónde empezar, comienza con la Escritura, quizá con algunos pasajes de las Escrituras que hemos ido comentando en este libro. Abre tu corazón y déjate atraer a los pasajes como si fueras uno de los personajes en la escena. ¿Te sientes llamado a ser la mujer del pozo (Jn 4), el paralítico junto a la piscina de Batsebá (Jn 5), la mujer adúltera (Jn 8), o el ciego Bartimeo (Mc 10:46–52)? Quizá sea una imagen muy distinta; deja que el Espíritu te lleve por tus deseos y ábrete a lo que quiera mostrarte. Luego escribe todo lo que se te haya dicho en un diario.

Al completar el tiempo de oración, trata de anotar lo siguiente:

* ¿Qué experimentaste en este tiempo de oración?
* ¿Qué creíste sobre ti mismo?
* ¿Te encontraste con Jesús? ¿Qué ocurrió?
* ¿Te encontraste con alguna barrera? ¿Cómo trató Jesús con estas?
* ¿Experimentaste sanación en el proceso?
* ¿Cuáles de los siete signos de sanación estaban presentes al terminar?
* Después de la oración, ¿sentiste una mayor libertad? Descríbela.
* Escribe una oración dando las gracias a Jesús por lo que te mostró.

Una de las señales más reveladoras de que hemos recibido sanación en nuestro cuerpo, alma y espíritu, es una consciencia mayor de una nueva libertad interior. Esto será en enfoque de nuestro capítulo de conclusión, "Vivir en libertad".

CONCLUSIÓN:
VIVIR EN LIBERTAD

En realidad, la libertad es un gran don solamente cuando sabemos cómo usarla conscientemente para todo lo que es verdaderamente bueno.

Papa Juan Pablo II
Redemptor hominis

La libertad es un gran don. Su deseo está inscrito en lo más profundo de nuestros corazones. Y sin embargo, a menudo ejercemos nuestra libertad en modos que no nos traen un bien verdadero y duradero. Como resultado, nos quedamos presos, atados en la vergüenza y escondidos tras muros de temor y de defensa propia. Seguimos estando manejados por nuestras heridas y compulsiones y nos hacemos esclavos del pecado.

Esta historia universal se ha reflejado en las historias individuales de las personas con las que nos hemos encontrado en los anteriores capítulos. Esta es nuestra común humanidad quebrantada—todos somos caídos y estamos desesperadamente necesitados de la redención de Cristo. Necesitamos esta sanación para que nos libere "de la esclavitud de la corrupción" para que podamos compartir de "la gloriosa libertad de los hijos de Dios" (Rom 8:21).

La libertad por sí misma es maravillosa pero no suficiente. Debemos aprender a "usarla conscientemente para todo lo que es nuestro bien verdadero"[1]. Ser liberados de nuestras fortificaciones (los siete pecados capitales y las siete heridas capitales) es una gran libertad, pero no puede ser nuestra meta definitiva. Debemos ejercer nuestra recién hallada libertad para el bien de todos los de nuestro alrededor y definitivamente para la gloria de Dios.

Como hemos dicho de muchos modos a lo largo de este libro, nuestras heridas vienen de nuestras relaciones rotas con Dios, con nosotros mismos y con los demás. Cuando se curan estos quebrantamientos, podemos vivir en la libertad del Espíritu Santo como hijos amados del Padre. La sanación es comunión. Esta es la única y duradera libertad, el tipo de libertad que bendice a otros y nunca piensa en utilizarlos.

Esta gloriosa libertad nos permite ver a los demás y saber quiénes son y lo que necesitan. Nos capacita para perseguir el bien para los demás y, en el proceso, descubrir el mayor bien posible para nosotros mismos: nuestra dignidad y nuestro propósito. Al papa Juan Pablo II le gustaba citar el Concilio Vaticano II a este respecto: "el hombre. . . no se puede encontrar a sí mismo sin hacer una entrega sincera de sí mismo"[2]. Nuestra verdadera libertad viene al aprender cómo recibir el amor de Dios y luego entregarlo. Esta es la gloriosa libertad que el joven John por fin experimentó después de una larga y difícil lucha con sus compulsiones sexuales.

¿Recuerdan a John del capítulo siete? Les prometí contarles el resto de la historia antes de terminar y, como ilustra bellamente nuestro caminar espiritual común de la esclavitud (del pecado, las heridas y las compulsiones) a la "gloriosa libertad de los hijos de Dios" (Rom 8:21).

Si recuerdan, cuando me encontré con John por primera vez había vivido recientemente un fuerte encuentro sanador con Jesús en un retiro de la universidad. Encontró una libertad sustanciosa de su adicción al alcohol y las drogas, y se dedicó a servir a Dios con mucho entusiasmo. Pero incluso después de su encuentro transformador de vida, John siguió esclavizado a la adicción sexual compulsiva que lo había acosado durante muchos años. Aunque seguía sacando mucha fortaleza de los sacramentos, todavía había algo que lo retenía. Incluso después de que su párroco lo animara a venir a mí para terapia, John hizo pocos progresos. Finalmente, ayudamos y oramos juntos, y el Espíritu Santo nos dirigió a explorar las fantasías sexuales de John como modo de descubrir los problemas de raíz que subyacían a su compulsión.

Cuando oramos, el Espíritu Santo desveló un recuerdo de John, cuando tenía dos años, mirando a su madre darle el pecho a su hermana. Ambos vimos cómo John había cerrado su corazón a su madre a esa edad temprana y prometido no necesitar nunca nada de ella. En esa misma experiencia de oración imaginativa, Jesús vino a John y lo llevó a María (la madre de Jesús) que alimentó y cuidó al pequeño John. La experiencia de John parecía muy real, manifestando una liberación de profundo dolor y vergüenza que había estado cargando toda su vida.

Después del tiempo de oración, John y yo pensábamos que había sido completamente liberado de su compulsión sexual. Y lo fuimos comprobando durante los siguientes meses. Como resultado, ambos nos sentimos en paz sobre el finalizar la terapia de John. Esto coincidió con su graduación y su decisión de trasladarse a otra ciudad. Ambos nos equivocamos al pensar que John se había liberado permanentemente. Pero, si recuerdan, había una pieza del rompecabezas que faltaba y que no parecía tener sentido en aquel momento. Esto se hizo mucho más claro cuando John me llamó diez años más tarde.

Yo me había estado preguntando qué sería de John y también quería obtener su permiso para compartir su historia con otros. Pero no tenía modo de contactarlo. Sabía que vivía en otra ciudad, pero no tenía ni idea de dónde. Providencialmente, recibí una llamada de John. Me dijo que había estado pensando en mí y quería contarme el resto de la historia de lo que le había pasado desde que nos habíamos visto por última vez.

Después de charlar un poco, John me contó los detalles que faltaban. Reveló que después de nuestra última reunión había vivido una libertad de sus compulsiones sexuales durante más de un año. Habló de lo bien que se había sentido de estar libre y lo mucho que había crecido en ese tiempo. Pero reconoció que sus relaciones con su madre no habían mejorado y algo dentro de él le decía que no estaba totalmente libre y que caería de nuevo. Y así ocurrió—y de manera muy sonada.

Esta vez, la compulsión vino rugiendo peor que nunca, junto con sus antiguas adicciones al alcohol y las drogas. Se me cayó el alma a los pies cuando John relató su infierno. Pensé en el pasaje en el que Jesús advirtió que los demonios regresarían siete veces peor si se dejaba el espacio vacío (Mt 12:43–45). Me sentí desolado y me preguntaba cómo podría haber ocurrido esto cuando ambos habíamos creído que se había liberado. John siguió:

> Supe ese día en tu oficina que había otra pieza del recuerdo que necesitaba sanación, pero no estaba preparado para lidiar con ella. Por eso estaba llorando tanto durante nuestro tiempo de oración. El recuerdo al que no podía enfrentarme era de cuando tenía un año y medio. Su madre se estaba muriendo en otro país y ella se marchó durante seis semanas. Lo lloré y no podía entender por qué me dejaba. Para cuando regresó, mi corazón se había cerrado totalmente. Me dolía demasiado necesitar algo de ella. Entonces es cuando hice la promesa de "no querer nada de ella nunca". Desde ese momento, hasta hace seis años, odié a mi madre.

Para John el giro llegó cuando se hartó de sentirse miserable y suplicó a Jesús que lo liberase. Poco después de su oración de desesperación, el Padre puso a alguien en su vida que podía orar con él, de manera parecida a cuando oramos en mi oficina. Dándose cuenta de que no podría superar sus impulsos y adicciones sin enfrentarse a las heridas y dolor más profundos, estaba dispuesto a enfrentar la memoria que lo había perseguido y de la que había estado huyendo. Lo siguiente es una paráfrasis de lo que me contó John sobre su segunda experiencia de oración:

> En el tiempo de oración, lo vi todo claramente en mi memoria. Mi madre iba hacia la puerta, mi padre le decía adiós y yo estaba en el suelo solo sintiéndome totalmente solo. Esta vez Jesús no vino a mí, sino que fue a mi madre. Yo no lo podía creer; estaba furioso y empecé a tener una rabieta. Pero Jesús, viendo el dolor de mi madre, fue a ella y le puso la mano en el hombro. Tan pronto como Jesús tocó a mi madre, pude ver una mirada asombrosa de compasión en su rostro. Su amor por mi madre era increíble. En ese momento, se disolvió todo mi odio hacia mi madre. Pude por fin perdonarla, dándome cuenta de que esto no fue algo que ella hubiera querido, sino que tuvo que hacer. Vi cómo le había dolido dejarme. Desde ese momento se desvaneció mi ira y mi amargura. Ahora amo a mi madre. Tenemos una buenísima relación y también tengo muy buena relación con mi hermana.

El cambio en el corazón de John hacia su madre y su hermana le permitió recibir muchas más gracias. Al ser liberado de sus heridas más profundas, sus compulsiones perdieron fuerza. Desde ese día, dice que ya no siente el deseo de medicar su dolor ni de tener fantasías sobre el amor que nunca había podido tener. Abrió su corazón para amar a su madre y a su hermana y, poco después de este acontecimiento, encontró a una mujer que llegaría a ser su esposa. Ahora están felizmente casados, gozando de sus hijos y familia extensa y compartiendo un amor mutuo por Jesús. Enfrentar su dolor y perdonar a su madre desde su corazón fueron las claves de la sanación de John, como lo son para todos nosotros.

La historia de John me recordó de nuevo que el verdadero perdón es la clave para la mayoría de nuestra sanación (ver Mt 18:35). Betty Tapsscott y el padre Robert DeGrandis en su libro *Forgivenes and Inner Healing* (Perdón y sanación interior) lo expresan bien:

> Dios quiere que seas libre. Quiere sanarte—espíritu, alma, y cuerpo. Sin embargo, no podemos ser completamente libres y sanos hasta que perdonemos. El perdón es el fundamento de toda sanación. . . Muchas veces la falta de perdón va acompañada de odio, resentimiento, venganza, ira y amargura. Si permitimos que esas emociones negativas permanezcan en nuestro espíritu, quizá terminemos con problemas físicos, como la artritis, presión arterial alta, problemas de estómago, colitis, o problemas de corazón[3].

Perdonar de corazón es bueno para nuestra salud. También es clave para sanar las compulsiones sexuales, las adicciones al alcohol y las drogas, las relaciones rotas, la ansiedad, la depresión y otras cosas, como hemos visto a través de las diversas historias de este libro. Detrás de la mayoría de nuestras dolencias físicas y psicológicas están estos temas espirituales de raíz, que se deben enfrentar para que pueda darse una sanación total. Incluso cuando, como John, pensamos que estamos sanados, esas amargas raíces aun nos pueden contaminar y llevarnos de regreso a la esclavitud espiritual y emocional (Heb 12:15). No podemos tomar un atajo en el camino de la sanación. Jesús lo dejó muy claro cuando dijo: "Si ustedes permanecen fieles a mi palabra, serán verdaderamente mis discípulos, y conocerán la verdad, y la verdad los hará libres". El papa Juan Pablo II explica:

> El hombre es ciertamente libre en tanto en cuanto comprenda y acepte los mandamientos de Dios. Y posee una

libertad extremadamente amplia ya que puede comer "de todos los árboles del jardín". Pero su libertad no es ilimitada; debe detenerse ante "el árbol de la ciencia del bien y del mal", porque está llamado a aceptar la ley moral dada por Dios. . . Dios el que solo él es bueno, sabe perfectamente lo que es bueno para el hombre[4].

Esta sabiduría de las Escrituras y de la enseñanza de la Iglesia ahora significa algo para John. Ya no desea la falsa libertad que dice: Puedo hacer lo que quiera siempre que no me sorprendan. Ha experimentado su saciedad del fruto del árbol de la ciencia del bien y del mal y se ha puesto enfermo. Aunque esta fruta todavía es a veces "agradable a los ojos" (Gén 3:6), él recuerda su sabor amargo, y la rechaza.

Al conseguir una mayor comprensión de su propio "árbol de la ciencia" personal, John está mucho más consciente de cómo sus pecados personales y sus heridas alimentaron sus compulsiones y cómo se han desarrollado en su vida. Los *siete pecados capitales* (soberbia, ira, envidia, codicia, pereza, gula, y lujuria) alimentaron sus compulsiones y adicciones. El mal fruto de cada uno de estos pecados capitales envenenó su mente y corazón y casi llega a destruir su vida.

Bajo estos síntomas estaban las *siete heridas capitales* (abandono, rechazo, vergüenza, temor, impotencia, desesperanza y confusión). Estas heridas surgieron en parte de su experiencia de abandono por parte de su madre. También se sintió abandonado por su padre, que no vio ni comprendió su herida. Sin tratar, estas heridas se convirtieron en tierra de cultivo para que las raíces de la amargura brotaran en su corazón, culminando en juicios hacia su madre, padre y hermana. Para lidiar con todo esto, John prometió en su infancia que se cuidaría de sí mismo y se consolaría a sí mismo. El alcohol y el sexo serían los dos medios que usara para aliviar su dolor y ansiedad. Para cuando tenía doce años, éstos eran vicios habituales en su vida.

En el proceso de sanación de John, necesitaba enfrentarse al dolor de estas heridas para poder superar las amargas raíces y perdonar a sus padres y a su hermana desde lo más profundo de su corazón. Había tratado de perdonarlos antes, pero la sanación nunca había llegado a lo profundo de su herida. El enfrentar el dolor del abandono es probablemente lo más difícil que haya hecho John. Pero ahora se da cuenta de lo necesario que era que caminara a través de ello con Jesús como medio de sufrimiento redentor para experimentar la libertad de la vida de la resurrección.

¿Puedes imaginarte el dolor que hubiera causado a su esposa e hijos sin permitir que estos pecados capitales fueran crucificados con Cristo? Su disposición de enfrentar su sufrimiento antes del matrimonio sigue siendo un gran don para su familia. Ahora comprende la necesidad en el matrimonio de entregar la vida por su esposa e hijos como ofrenda de sacrificio en comunión con Jesús (Ef 5:25).

Al haber experimentado la degradación del sexo, John ahora pone un gran valor en el Sacramento del Matrimonio y en la fidelidad a su esposa. De hecho, está profundamente agradecido por todos los modos en que se ha encontrado con Jesús a través de los sacramentos. Han tenido un importante papel en su proceso de sanación. El camino de sanación de John empezó al encontrarse con Jesús en los Sacramentos de la Reconciliación y la Eucaristía, y desde ese comienzo, sigue sintiéndose fortalecido a través de ellos.

John tiene un gran aprecio por el don del Orden Sagrado, que hace disponibles a los demás sacramentos. Está especialmente agradecido al sacerdote que caminó con él a través de los peores tiempos, entregando su vida por John de modos prácticos. Al ofrecerle dirección espiritual y el Sacramento de la Reconciliación a John, encarnó el amor misericordioso de Jesús y le mostró a John el rostro compasivo del Padre. A través de esta paternidad espiritual del sacerdote, John encontró un ambiente seguro en el que podría enfrentarse a su pecado sin temer mayor condenación.

John también aprecia a las muchas personas que, capacitadas por el Espíritu Santo por el Sacramento de la Confirmación, se apoyaron en los dones del Espíritu para llevarle a una libertad y sanación más profundas. La oración de sanación es evidentemente algo muy querido para John y sus potentes encuentros con Jesús en la oración imaginativa le han conseguido una liberación que nunca podría haber imaginado por sí mismo. Vivió un giro significativo cuando vio a "Jesús caminar de su mano. . . durante situaciones desagradables y momentos de trauma"[5]. Encontró paz y comunión en lo más íntimo de su corazón, por el Espíritu Santo (ver CIC, 2715).

John todavía practica este modo de oración con la escritura y en su tiempo de oración personal. Además, él y su esposa rezan el Rosario juntos, adentrándose en los misterios de la vida de Cristo y aplicándolos a las circunstancias de su vida juntos. Esta oración los mantiene arraigados en la verdad y fortalecidos con la convicción de que pueden soportar todo aquello a lo que tengan que enfrentarse.

Aprovechando todos estos medios de sanación—oración, sacramentos y sufrimiento redentor—John está creciendo en la confianza de que es hijo amado del Padre. Está encontrando su identidad en el Padre que ve todo y a todos con ojos de misericordia. Como resultado, John está aprendiendo a morar en el árbol de la vida, gozando sus muchos y abundantes frutos. La figura 11.1 sobre *El árbol de vida sanador* resume el proceso de sanación de John y proporciona un mapa para cada uno de nosotros.

Comenzando en la parte de abajo del árbol, observa los siete signos de sanación, junto a la palabra seguridad. Al superar el profundo dolor y pesada vergüenza que había sobrellevado durante gran parte de su vida, John ahora goza de una libertad que nunca había creído posible. Como Jesús arrancó el rechazo de su corazón, él ahora cree que es amado y aceptado. Mientras que el aislamiento y el abandono en un momento dominaron su vida y alimentaron sus adicciones, ahora se siente ampliamente conectado y comprendido. Genuinamente esperanzado sobre su futuro, está capacitado con la libertad de tomar buenas decisiones. Es capaz de confiar y recibir el amor de su familia y amigos, y este amor le proporciona el sentido más profundo de seguridad que recuerde en toda su vida.

Con esta seguridad recién hallada, el crecimiento en madurez de John se aceleró tremendamente. Desde sus experiencias de sanación,

Figura 11. 1 Árbol de la vida sanador

PUREZA

FRUTO DEL ESPÍRITU

PACIENCIA

PAZ

SUAVIDAD

FIDELIDAD

AMABILIDAD

AMOR

BONDAD

CONTINENCIA

GOZO

SIETE VIRTUDES DE VIDA

La paciencia *supera* a la ira
La humildad *supera* a la soberbia
La castidad *supera* a la lujuria
La diligencia *supera* a la pereza
La abstinencia *supera* a la gula
La bondad *supera* a la envidia
La liberalidad *supera* a la codicia

MADUREZ

RAIZ DE GRACIA
{COMUNIÓN CON DIOS}
"Dejaré que Dios me ame en los lugares en que me siento más vulnerable
y dependiente"

SIETE SIGNOS DE SANACIÓN

La conexión y la comprensión *reemplazan* al abandono
La pureza y la dignidad *reemplazan* la vergüenza

SEGURIDAD

La seguridad *reemplaza* al temor
La capacitación y la liberación *reemplazan* la impotencia
La aceptación y la valoración *reemplazan* al rechazo
La esperanza y el ánimo *reemplazan* a la desesperación
La comprensión y la iluminación *reemplazan* a la confusión

encuentra mucho más fácil vivir una vida de virtud. Está descubriendo la alegría de depender del Padre para su consuelo y fuerza, reemplazando así su pagana autosuficiencia que se había formado de sus heridas y promesas internas. Su crecimiento en castidad le ha dado un profundo deseo de permanecer puro. Está más consciente cuando el tentador le trae a la mente imágenes lujuriosas que ya no se aferran a sus heridas y le envían a un ciclo de adicción. Es capaz de sacar estas tentaciones a la luz y no se siente impulsado a actuar con ellas. John también está notando que sus deseos están cambiando y haciéndose más sanos al experimentar la libertad de la castidad. Es diligente en mantener su vida espiritual. Aferrado antes al placer y la felicidad, ahora es más generoso con su tiempo y posesiones. Ha aprendido a vivir en la providencia del Padre con alegría. (Ver el tronco del árbol donde las virtudes de vida reemplazan a los pecados capitales).

El fruto del árbol de John alimenta a muchos a su alrededor. Cuando hablamos, pude escuchar una mayor *pureza* de corazón a través de todo lo que compartió. Me dijo que había estado libre de las compulsiones por varios años y estaba profundamente enamorado de su esposa y amaba a sus hijos. Antes de perdonar a su madre y hermana, no podía amar a ninguna mujer. Sólo las utilizaba, en la vida real y en la fantasía. Ahora era capaz de amar a varias de ellas (esposa, madre, hermana, hija y varias amigas) castamente, así como a sí mismo. Está experimentando el fruto del Espíritu Santo mucho más regularmente en su vida (ver la parte alta de la figura 11.1).

John y yo terminamos nuestra conversación telefónica con una profunda gratitud, alabando a Dios por lo que había hecho. Como la mujer del pozo, Jesús expuso amorosamente las áreas de vergüenza que mantenían atado a John y le dio a beber agua viva. Él está enamorado de Jesús e invita a otros a descubrir el mismo tipo de libertad de la que él goza.

¿Quieres ser sanado? ¿Deseas el tipo de libertad de la que goza John ahora? ¿Hay algún área de tu vida que crees que te impide recibir la gracia y la sanación de Dios? Si es así, tu Dios no es lo suficientemente grande, y la Cruz de Jesús no es lo suficientemente real. En uno de mis pasajes favoritos de la escritura, se nos da esta fantástica promesa de Dios: en lugar de tu vergüenza, tendrás una doble porción de honor (Is 61:7). Piensa en el área más vergonzosa o desesperada de tu vida, pasada o presente. Este es el lugar donde más necesitas a un Salvador que te libere. Esa misma área en tu vida, *cuando* está sanada, dará a Dios la mayor gloria en tu vida. Para muchos de ustedes, esto también será el mismo lugar en el que Dios los equipe para administrar sanación a los demás. ¿Creen lo que les estoy diciendo? Yo sé que esto es verdad por mi propia experiencia personal y por la vida de John. Su vergüenza era un área de su vida donde más necesitaba a Jesús. A causa de sus encuentros sanadores con Jesús sobre estos temas, Dios ahora está glorificado en su vida través de esas mismas heridas y áreas de vergüenza.

¿Hay algún área de tu vida que crees que te impide recibir la gracia y la sanación de Dios? Si es así, tu Dios no es lo suficientemente grande, y la Cruz de Jesús no es lo suficientemente real.

¿No es esta la promesa del Evangelio? San Pablo nos asegura que a causa de la redención de Cristo y del amor providencial del Padre, "Dios dispone todas las cosas para el bien de los que lo aman, de aquellos que él llamó según su designio" (Rom 8:28). Mira al crucifijo o a una imagen de Jesús crucificado en tu imaginación. ¿Crees que "fuimos sanados por sus heridas" (1 Pe 2:24)? Nada de su sufrimiento está perdido o es superfluo; todo ha sido necesario para nuestra salvación y sanación. Ahora mira a tu propio sufrimiento y heridas e incluso a tus pecados. ¿Puedes ver cómo cada herida en la que hayas incurrido y cada pecado que hayas cometido, si se entrega a Dios y se redime, se destinará a tu mayor bien, y no sólo a tu propio bien? Esta gracia se extiende a todas las personas que toca tu vida directa e indirectamente en el presente y en las futuras generaciones. Esta confianza nos permite vivir con mayor libertad.

Pero date cuenta de que en Romanos 8:28, la libertad tiene una condición: que amemos a Dios y sigamos su llamada y su designio para nuestra vida. Solamente cuando sometemos nuestras voluntades y vidas a Dios podemos encontrar esta libertad y alegría. Jesús lleva la mayor parte de la carga para conseguir nuestra libertad, pero nosotros tenemos que hacer nuestra parte. ¿Estás dispuesto a tomar el paso siguiente en tu camino de sanación?

Seguir tu camino de sanación

Al concluir, quiero animarte a reflexionar sobre todo lo que hemos estado tratando en este libro hasta aquí y aplicarlo a tu vida. Considera tomar tu diario y un lápiz y anotar tus respuestas:

- ¿Alguna vez has experimentado un encuentro con Jesús que ha transformado tu vida e inflamado tu corazón (como la mujer del pozo en la introducción)?
- ¿Cuál es tu historia? (Ver el capítulo 1) Jesús te está preguntando si quieres ser sanado (como le preguntó al hombre de la piscina de Batsebá) ¿Cuál es tu respuesta? ¿Qué se interpone en tu camino? ¿Qué quieres pedirle a él que haga por ti?
- ¿Cuáles son las lecciones más importantes que has aprendido del Buen Maestro? ¿Cómo ha sido el camino, la verdad y la vida de Dios una fuente de sanación en tu vida? ¿Qué buenos maestros en tu vida te han revelado a Jesús por medio de la palabra y el ejemplo? ¿Has decidido seguir a Jesús como discípulo? (Ver el capítulo 2).
- ¿Has experimentado alguna vez a Jesús como el Médido compasivo? ¿Cómo te ha sanado a ti personalmente? ¿De qué modos específicos ha obrado a través de ti para llevar la sanación a otros? (Ver el capítulo 3).
- ¿Estás más inclinado a vivir como el "hermano mayor" o como el "hermano menor" (en la historia del hijo pródigo)? ¿Has aceptado

tu identidad como hijo o hija amado del Padre? ¿Qué "mentiras de identidad" te mantienen atrapado? ¿Cómo has experimentado la "terapia de muerte" de Jesús? (Ver el capítulo 4).

- ¿Cuál es la perspectiva de la persona íntegra? ¿Cómo cambia esto tu comprensión de ti mismo y de tu fragmentación? ¿Cómo afecta al modo en que ves a otros y a su quebrantamiento? Trata de aplicar esta perspectiva a las áreas de quebrantamiento en tu vida (Ver el capítulo 5).

- Al mirar a las "manzanas" de tu vida, ¿puedes ver dónde están estos pecados específicos arraigados en tu "árbol de la ciencia del bien y del mal" personal? ¿Cuáles de los siete pecados capitales son habituales en tu vida? ¿Qué ídolos se esconden tras ellos? ¿Puedes ver cómo se han desarrollado en fortificaciones? (Ver el capítulo 6).

- ¿Qué respuestas al trauma en tu vida te han dejado atado a una o más de las siete heridas capitales? ¿Qué mentiras de identidad internalizaste de las experiencias traumáticas? ¿Cuáles son los juicios y las promesas internas que te han mantenido atrapado? (Ver el capítulo 7).

- ¿Cómo ha sido el sufrimiento redentor de Cristo una fuente de sanación para ti personalmente? Da ejemplos de cómo has entrado en tu propio sufrimiento de manera redentora. ¿Qué virtudes de vida se han cultivado en tu vida a través de tu sufrimiento redentor? (Ver el capítulo 8).

- ¿Cuál es tu actitud hacia los sacramentos? ¿Qué papel juegan los sacramentos en tu vida? ¿De qué modos específicos te has encontrado con Jesús a través de los sacramentos? (Ver el capítulo 9).

- ¿Alguna vez te has encontrado con Jesús en la oración de sanación? ¿Qué piensas sobre encontrarte con Jesús de este modo? Describe una experiencia de oración que resultó en uno o más de los siete signos de sanación. (Ver el capítulo 10).

- ¿Puedes identificar modos en los que ahora estás viviendo en libertad que no estaban presentes antes en tu vida? ¿Cómo piensas mantener y aumentar esta libertad? ¿Cómo está usando tu libertad para el bien de otros y la gloria de Dios? (Ver esta conclusión).

Considera regresar a estas preguntas en unas cuantas semanas, meses y años y recuerda cómo han cambiado tu vida y tus perspectivas. También te animo a formar un pequeño grupo con algunas otras personas para compartir este camino de sanar juntos. Usa estas preguntas y las preguntas a lo largo del libro como guía para tu discusión.

Para un mayor beneficio, busca encontrarte con Jesús en tu propia oración individual y el tiempo de escribir diario y luego comparte estas experiencias con amigos de tu confianza. Eso puede ser en un grupo de apoyo, o al encontrar a alguien que pueda orar por ti de este modo. Jesús está esperando con mucha ilusión. ¿Te encontrarás con él en el lugar de tu sed?

Gracias por hacer este camino conmigo. Que el Espíritu Santo los lleve a encuentros más y más profundos con el fuerte y misericordioso amor de Jesús. Pido a Dios que tengan la gracia de imitar a la Bienaventurada Virgen María con su propio "fiat". Y finalmente, ¡que el Padre sea glorificado al estar ustedes más y más plenamente vivos en él!

RECONOCIMIENTOS

Al terminar esta sección en el fin de semana de Acción de Gracias, me doy cuenta de los muchos beneficios que he recibido en mi vida y en el proceso de escribir este libro. Principalmente, estoy agradecido al amor y la misericordia de Dios, expresados a lo largo de mi vida y en casi todas las páginas de este libro. ¡Dios es tan bueno! Yo iría al fin del mundo a contarle a la gente lo bueno que es Dios. Pido que este libro comunique su amor y bondad por todo el mundo y en el corazón de cada persona que lo lea.

Entre los dones más apreciados de mi vida están mi familia, amigos y mi comunidad cristiana. En primer lugar, quiero dar las gracias a mi esposa, Margie, y a todos los miembros de nuestra familia: Carrie y Duane; Anna, Drew, Ryan, Jack, Luke, Lily y Elle; Kristen y Stephen; mamá, Dave y familia; Kathy, Nick y familia; Lauren, Tom y familia; Wayne, Tara y familia; Bart, Brooke y familia; Margaret, Ken y familia; Ann y Gerald; Jere, Patty y familia; Julie, Tom y familia; y Bud, Kath y John. Gracias a mis abuelos, tías, tíos, y primos en ambos lados de nuestra gran familia. Cada uno de ustedes traen alegría y plenitud a mi vida. Los amo a todos y deseo que este libro los toque de algún modo único y personal con el amor de Jesús.

Margie, estimo especialmente tu caminar este camino conmigo y tu amor a través de todo—en tiempos malos y en tiempos buenos. Mamá y papá, gracias por su amor por cada uno de nosotros y por Dios; por no perder la esperanza en los momentos más oscuros; y por su humildad y ejemplo en enfrentarse a su propio quebrantamiento.

Al equipo del Centro de Sanación Juan Pablo II (personal, junta directiva, voluntarios y benefactores), gracias por su participación en este ministerio. Es un gozo compartir esta misión con ustedes. Gracias por su generosidad en entregarse a sí mismos por amor a Jesús y por el pueblo a quien servimos. Cada uno de ustedes se ha convertido en un estimado miembro de mi familia. En especial quiero dar las gracias a Bart y Ken por ser instrumentos de afilamiento en las manos del Padre en mi vida durante este tiempo.

El padre Mark Toups, gracias por su amistad, ánimo e inspiración para comenzar nuestras conferencias de Sanación de toda la persona y por escribir el prefacio de este libro. Y al obispo Sam Jacobs, gracias por ser el primero en confiar a sus seminaristas a nuestro cuidado y por servir en nuestra mesa directiva.

A mis directores espirituales, maestros y mentores a lo largo de los años, le doy gracias a Dios por los modos en que el amor de ustedes por Jesús se desborda para mí y mi familia. Ofrezco un agradecimiento especial al padre Michael Foley. Gracias por entregarlo todo por servir a nuestra comunidad parroquial en los últimos treinta y cinco años. Solo en nuestra familia, usted ha estado ahí en cada etapa de la vida, presidiendo en todos los momentos significativos, desde el nacimiento hasta la muerte. Y, a cada uno de los sacerdotes que nos han servido con el amor de Cristo, gracias.

A todos mis grupos comunitarios y comunidades cristianas (Terapeutas cristianos, Church in City, Simposium católico de sanación, Familia espiritual y más): ustedes son gran parte de mi historia. Gracias por todos los modos en que me ayudaron en mi búsqueda para conocer a Jesús y su amor sanador. A nuestros leales intercesores que nos alzan en oración, estoy agradecido por su dedicación de orar por esta misión, y particularmente, por este libro. Y por los amigos y benefactores de nuestro ministerio, gracias por su generosidad y amor de Dios y su misión.

Doy las gracias a cada persona cuya historia se refleja en este libro, y a los cientos cuyas historias no están aquí, pero están inscritas en mi corazón. Ustedes han enriquecido mi vida y sus encuentros de sanación con Jesús han tocado profundamente mi corazón.

También estoy agradecido por cada uno de ustedes que revisaron este libro y dieron retroalimentación útil, u ofrecieron su apoyo personal: Arzobispo Samuel Aquila, padre Peter Ryan, padre John Horn, padre Will Ganci, padre Tom Dillon, hermana Miriam James Heidland, Neal Lozano, Christopher West, Brian Butler, Jane Guenther, Gary Oates, el doctor Ray Verrier, Jill Bohacik, Jim y Lois Galbraith, Judy Bailey, Dale Recinella, Gred Thomson, Frank Voran, Joanne Arnett, Dave Schuchts, Peggy Schuchts, Ken Kniepmann, Bart Schuchts, Kathy Tafuri, Margaret Szortyka, Carrie Daunt, Duane Daunt, Kristen Blake, Wayne Schuchts, Rich Schuchts, y Margaret Schuchts.

Quiero ofrecer una gratitud especial a Julie Bettinger por su generosa ayuda e invaluable retroalimentación en entrenarme al empezar a escribir.

Finalmente, gracias a mi editora Kristi McDonald. Me encantó trabajar contigo. Aprecio tu sólida fe, suavidad, y firme decisión. Y a Bob, Susana, Jackie, Brian y todo el equipo afiliado con Ave María Press, gracias por su sabiduría y experiencia en hacer este libro lo que es. Todos ustedes tienen un gran talento en su labor.

NOTAS

Prefacio

1. La palabra *ministro*, según aparece a lo largo del libro, se usa en sentido amplio para incluir al clero y laicado, así como a todos los que sirven en nombre de Cristo en todas las denominaciones cristianas. El autor reconoce el papel único del sacerdocio sacramental y ministerial como distinto de otros ministerios en la Iglesia. Los fieles laicos, en virtud de su llamada bautismal, tienen un papel singular en levar el amor de Cristo a sus esferas de influencia concretas, con la ayuda de los dones del Espíritu Santo. Ver el Concilio Vaticano II, *Gaudium et spes (La Iglesia en el mundo moderno)* para un amplio tratamiento de estos diversos ministerios.

2. Papa Juan Pablo II, Opatatium Totius, 8 (Decreto sobre la formación sacerdotal); papa Benedicto XVI, mayo de 2006, discurso al clero en Varsovia, Polonia.

3. Papa Benedicto XVI, discurso de mayo de 2006.

4. Papa Benedicto XVI, *Jesús de Nazaret: Del Bautismo en el Jordán a la Transfiguración* (New York, Crown Publishing, 2012).

5. Christopher West, *Theology of the Body Explained: A Commentary on John Paul II's "Gospel of the Body"*, rev. ed. (Boston, Pauline Books, 2003), 60.

Capítulo uno: ¿Quieres sanarte?

1. Data: Indicators" World Bank, consultado 16 de septiembre de 2013, http://data.worldbank.org/indicator.

2. Papa Benedicto XVI, *Jesús de Nazaret,* 176.

3. Reconstrucción Familiar es una representación de la historia de la propia familia, que normalmente implica a varias generaciones. Implica a personas que actúan en lugar de los miembros de la familia. No hay actuación teatral: a las personas escogidas para representar a miembros de la familia se les pide simplemente que asuman una posición e informen de su experiencia. Puede sonar raro, pero es un instrumento increíblemente poderoso para sanar heridas profundas y dinámicas familiares. Si te interesa saber más, te recomendaría el libro de Bill Nerin Family Reconstruction: a Long Day Journey into Light (New York: Norton, 1986).

Capítulo dos: El Maestro Bueno

1. Ver Henri J.M. Nouwen, *The Return of the Prodigal Son: a Meditation on Fathers, Brothers, and Sons* (New York: Doubleday, 1992); y Neal Lozano, *The Older Brother Returns: Finding a Renewed Sense of God's Love and Mercy* (Clinton Corners, NY: Attic Studio, 1995).

Capítulo tres: El Médico Compasivo

1. Leanne Payne, *The Healing Presence: How God's Grace Can Work in You to Bring Healing in Your Broken Places and the Joy of Living in His Love* (Westchester, IL: Crossway, 1989), 139.

2. A lo largo de la historia de la Iglesia, los fieles siempre han creído en la realidad de los milagros, no solo en las Escrituras, sino también en la vida de los creyentes y en ciertos lugares sagrados (como Lourdes). Sin embargo, en el sentido más estricto, la Iglesia ha reservado la palabra *milagro* para definir las intervenciones sobrenaturales de Dios que se pueden validar después de una investigación larga y ardua. En sentido oficial, solamente la Iglesia puede declarar que algo

es un milagro de bona fide. En este libro, estamos empleando el término en un sentido más amplio, para incluir una intervención aparente de Dios que acarrea una sanación o alguna otra transformación de la naturaleza. Ninguno de los milagros mencionados en este libro ha sido verificado por el escrutinio de la Iglesia. Sin embargo, muchos han sido verificados "de manera extra oficial" por los testigos oculares, párrocos, doctores, terapistas y otros.

3. Ver *Fides et ratio* (*Fe y razón*) del papa Juan Pablo II.

4. Francis McNutt, *Healing* (Notre Dame, IN: Ave Maria Press, 1999), 11.

5. Gary Oates, *Open My Eyes, Lord: A Practical Guide to Angelic Visitations and Heavenly Experiences* (New Kensington, PA: Whitaker, 2004).

6. Papa Francisco, "La Oración obra milagros" *L'Osservatore Romano*, n. 22, 29 de mayo de 2013.

7. Randy Clark con Global Awakening fue quien dirigía este equipo ministerial; ver http://globalawakening.com.

8. MacNutt, *Healing,* 11.

Capítulo cuatro: El Hijo Amado

1. Peggy Papp, *The Process of Change* (New York: Guildford, 1983).

2. En su libro *Unbound: A Practical Guide to Deliverance*, Neal Lozano habla sobre cómo la bendición de la identidad es clave para nuestra sanación (Grand Rapids, MI: Chosen, 2010).

3. Papa Francisco, Homilía en la fiesta del Sagrado Corazón de Jesús, Radio Vaticana, 7 de junio de 2013.

4. Ver Jack Frost, *Spiritual Slavery to Spiritual Sonship* (Shippensburg. PA: Destiny Image, 2006).

5. Nouwen, *Regreso del hijo pródigo.*

6. Lozano*, Older Brother Returns.*

7. John Eldredge, *Wild at Heart* (Nashville: Thomas Nelson, 2006).

8. James Keating, "Christ Is the Sure Foundation: Priestly Human Formation Completed in and by Spiritual Formation" *Nova et Vetera* 8, n. 4 (2010): 883–99, 885.

9. Concilio Vaticano II, *Gaudium et spes* (*La Iglesia en el mundo moderno*), 22.

10. Papa Benedicto XVI, *Jesús de Nazaret,* 18.

Capítulo cinco: La perspectiva de la persona íntegra

1. Ver papa Juan Pablo II, *Fides et ratio* (*Fe y razón*).

2. Ver particularmente la parte I de Juan Pablo II, *Hombre y mujer los creó: una teología del cuerpo* (Madrid: Ediciones Cristiandad, 2006).

3. Papa Juan Pablo II, *Redemptor hominis* (*Redentor de los hombres*).

4. Papa Juan Pablo II, Cruzando el umbral de la Esperanza (pdf online).

5. Papa Benedicto XVI, *Jesús de Nazaret,* 176.

6. International Catholic Charismatic Renewal Services (IC-CRS), Doctrinal Commission, Guidelines on Prayers for Healing, 5th ed. (Vatican City, 2008), 37–39.

7. Centers for Disease Control and Prevention y Bruce Lipton de Stanford University Medical School, citados en la página web, Healing Codes: Heal Yourself, contactado el 18 de septiembre de 2013, hhtp:www.healingcodes.com.

8. Ver Harold G. Koenig, Michael E. McCullough y David B. Larson, *Handbook of Religion and Health* (Oxford: Oxford University Press, 2001), y Harold G. Koenig, *The Healing Power of Faith: How Belief and Prayer Can Help You Triumph Over Disease* (New York: Simon and Schuster, 2001).

9. J. Brennan Mullaney, *Authentic Love: Theory and Therapy* (New York: St. Pauls/Alba House, 2008), 17.

10. Ibid.

11. Papa Benedicto XVI, *Jesús de Nazaret*, 177.

12. Ver Matthew Linn, Sheila Fabricant y Dennis Linn, *Healing and the Eight Stages of Life* (Mahwah, NJ: Paulist Press, 1988); y Erik H. Erikson, *The Life Cycle Completed* (New York: Norton, 1997).

Capítulo seis: Un árbol y su fruto

1. Papa Juan Pablo II, *Hombre y Mujer*, 4:1.

2. Autor desconocido, citado en Stephen R. Covey, *The Seven Habits of Highly Effective People: Powerful Lessons in Personal Change* (New York: Simon and Schuster, 2004), 46.

3. Papa Juan Pablo II, *Audiencia General sobre la naturaleza del pecado*, 12 de noviembre de 1986.

4. Ver página web, 7 Deadly Sins, contactada 19 de septiembre de 2013, http://deadlysins.com.

5. Adolphe Tanquerey, *The Spiritual Life: A Treatise on Ascetical and Mystical Theology*, trans. Herman Branderis (Rockford, IL: Tan Books, 2000), 392.

6. Ibid.

7. "Pride" 7 Deadly Sins, contactado el 19 de septiembre de 2013, http://deadlysins.com.

8. Ver Lozano, Unbound, 42–48; y Beth Moore, *Breaking Free: Making Liberty in Christ a Reality in Life* (Nashville: LifeWay, 1999), 225–28.

9. Andy Reese, *Sozo Training Manual* (Freedom Resources, 2007), 25.

10. Moore, *Breaking Free*, 226.

11. Dense cuenta de que la depresión no siempre está causada por una ira reprimida.

12. Ver Blair Justice, Who Gets Sick: Thinking and Health (Houston: Peak Press, 1987); el American Institute of Stress (AIS) en http://

www.stress.org; la American Heart Organization; el National Institute of Arthritis and Musculoskeletal and Skin Diseases; y el National
Institute of Mental Health (NIMH).

Capítulo siete: Anatomía de una herida

1. Patrick Carnes, *Contrary to Love: Helping the Sexual Addict* (Min-
neapolis: CompCare, 1989).

2. Russell Willingham, *Breaking Free: Understanding Sexual Addiction
and the Healing Power of Jesus* (Downers Grove, IL: InterVarsity Press,
1999); Carnes, *Contrary to Love.*

3. James G. Friesen et al., *The Life Model: Living from the Heart Jesus
Gave You* (Pasadena, CA: Shepherd's House, 1999), 69.70.

4. Ibid., 70–72.

5. John Wimber y Kevin Springer, *Power Healing* (New York:
HarperCollins, 1987), 87–88.

6. Edward M. Smith, Theophostic Prayer Ministry: Basic Training
Seminar Manual (Campbellsville: KY: New Creation, 2007), 104–8.

7. Ed Smith describe dos tipos de heridas de vergüenza—"manchado" y "vergüenza"—que yo he combinado en una única categoría
y llamado "vergüenza".

8. "Pelagius and Pelagianism", Catholic Encyclopedia/New
Advent, 2009, http://www.newadvent.org/cathen/.

Capítulo ocho: Sufrimiento redentor

1. Papa Juan Pablo II, *Salvifici Doloris* (*Sobre el sufrimiento humano*),
7.

2. Ibid., 19.

3. "Contrary, Heavenly, and Cardinal Virtues", 7 Deadly Sins,
contactado el 19 de septiembre de 2013, http://deadlysins.com; P.

Robert Barron, Seven Deadly Sins and Lively Virtues, Lighthouse Catholic Media, CD.

4. Papa Juan Pablo II, *Salvifici Doloris* (*Sobre el sufrimiento humano*), 19.

5. Ibid., 25.

Capítulo nueve: Sacramentos y sanación

1. Scott Hahn, *Swear to God: The Promise and Power of the Sacraments* (New York, Doubleday, 2004), 3.

2. Ibid.

3. Raniero Cantalamessa, *Sober Intoxication of the Spirit: Filled with the Fullness of God*, trans. Marsha Daigle-Williamson (Cincinnati: Servant Booksm 2005), 61.

4. Ibid., 40–43.

5. Papa Francisco, *Discurso en la mañana de Pascua*, 2 de abril de 2013.

6. Papa Juan Pablo II, *Reconciliación y Penitencia*, 6.

7. Ibid.

8. George Weigel, *Evangelical Catholicism: Deep Reform in the Twenty-First-Century Church* (New York: Basic, 2013), 42–43.

9. Briege McKenna, con Henry Libersat, *Miracles Do Happen* (Ann Arbor, MI: Charis, 1996), 59–61.

10. Robert DeGrandis, con Linda Shubert, *Healing through the Mass*, rev. ed. (Mineola, NY: Resurrection Press, 1992), 5.

11. Rolland y Heidi Baker, *There Is Always Enough: The Amazing Story of Rolland and Heidi Baker's Miraculous Ministry among the Poor* (Tonbridge, UK: Sovereign, 2003), 42–43.

12. Papa Benedicto XVI, *Benedictus: Day by Day with Pope Benedict XVI*, ed. Peter John Cameron (San Francisco: Ignatius, 2006), 337.

13. Papa Francisco, *Discurso en la mañana de Pascua*, 2 de abril de 2013.

Capítulo diez: Oración de sanación

1. Papa Juan Pablo II, *Veritatis Splendor* (El Esplendor de la verdad), 108.

2. Papa Benedicto XVI, discurso de Pentecostés, citado en Weigel, *Evangelical Catholicism*, 18.

3. Papa Benedicto XVI, *Benedictus*, 164.

4. Cantalamessa, *Sober Intoxication*, 95.

5. Francis McNutt, *The Power to Heal* (Notre Dame, IN: Ave Maria Press, 1992), 28.

6. Ibid., 29.

7. Ibid., 39.

8. Papa Francisco, "La oración hace milagros".

9. Papa Juan Pablo II, *Hombre y Mujer*, 51:1, 326.

10. Edward M. Smith, *Healing Life's Hurts through Theophostic Prayer* (Ventura, Ca: Gospel Light, 2004), 30–31; Betty Tapscott y Robert DeGrandis, *Forgiveness and Inner Healing* (Houston: Tapscott, 1980), 1.

Conclusión: Vivir en libertad

1. Papa Juan Pablo II, *Redemptor hominis* (El Redentor de los hombres), 21.

2. Concilio Vaticano II, *Gaudium et spes* (La Iglesia en el mundo moderno), 24.

3. Tapscott y De Grandis, *Forgiveness and Inner Healing*, 1.

4. Papa Juan Pablo II, *Veritatis Splendor* (El esplendor de la verdad), 35.

5. Tapscott y DeGrandis, *Forgiveness and Inner Healing*, 14–15.

Bob Schuchts es el autor de *Sé sanado*, *Se transformado* y *Sé devoto*. Es el fundador del Centro de Sanación Juan Pablo II en Tallahassee, Florida, y coanfitrión del podcast *Restore the Glory* [Restaurar la gloria] con Jake Khym.

Después de recibir su doctorado en relaciones familiares de Florida State University en 1981, Schuchts se convirtió en maestro y consejero. Mientras estaba en la práctica privada, también impartió cursos de posgrado y pregrado en Florida State y Tallahassee Community College. Posteriormente, Schuchts se desempeñó como profesor en el Instituto de Teología del Cuerpo y en el Centro de Estudios Bíblicos, donde impartió cursos sobre la sanación, la sexualidad y el matrimonio, y fue instructor invitado del Instituto Agustín. Se ofreció como voluntario en el ministerio parroquial durante más de treinta años.

Se jubiló como terapeuta matrimonial y familiar en diciembre de 2014.

Schuchts tiene dos hijas y ocho nietos. Su esposa, Margie, murió en 2017.

El Muy Reverendo Mark Toups, V.G., es vicario general de la Diócesis de Houma-Thibodaux y párroco de la iglesia católica Our Lady of the Isle en Grand Isle, Luisiana.

Carmen Fernández-Aguinaco es especialista multicultural de la Secretaría del Culto Divino de la Conferencia de los Obispos Católicos de los Estados Unidos en Washington, D.C.

AVE

AVE MARIA PRESS

Fundada en 1865, la Prensa Ave María,
un ministerio de la Congregación de
Santa Cruz, es una editorial católica que
atiende a las necesidades espirituales y
formativas de la Iglesia y sus escuelas,
instituciones y familias; a individuos
y familias de fe; y a todos aquellos en
búsqueda de alimento espiritual.

Para ver una lista de libros publicados por la
Prensa Ave María
visite avemariapress.com

AVE MARIA PRESS
Notre Dame, IN
Un ministerio de la Provincia de los Estados Unidos
de la Congregación de Santa Cruz